科学的に考える子育て

エビデンスに基づく10の真実

和久田 学

はじめに

子育て中のお父さんやお母さん、すでに子育てを終えたけれど孫育てをしているおじいちゃん、おばあちゃんはもちろん、学校、幼稚園、保育園、こども園など教育・子育て支援の現場にいる先生や支援者のみなさんは、いつもこのように疑問を感じているのではないでしょうか。

果たして、こうして叱ることは子どものためになっているのだろうか。

果たして、こうして勉強させることが子どもの将来の幸せにつながっているのだろうか――。

それだけでなく、教育や子育てについては、数えきれないほどいろいろな悩みがあるはずです。

ほめるにしても叱るにしても教えるにしても、その方法で良いのか、他にもっと良い方法があるのではないかと考えてしまうもの。さらには、目の前の子どもの将来を思い、今、何をさせるべきなのかを悩んだり、ただ単に不安になることもあるでしょう。

もちろん悩んでばかりでは仕方がないので、ほとんどの人は自分の経験から答えを導き出したり、自分の知っている人のやり方を真似たりします。

しかし、そこでちょっと立ち止まって考えてみてほしいのです。そのやり方が本当に正しいのか、子どもにとって本当に良いことなのかと……。

本書は、そうした疑問に「科学」で答えようとするものです。

私たちが子どもを目の前にしてやっていることが正しいかどうか、子どもにとって本当に良いのかどうか、世界中で行われてきたさまざまな科学的研究や科学的根拠（エビデンス）のある理論を参考に回答を探っています。

こうして説明すると、次のように考える人が多いと思います。

「子育てや教育に、科学？　そんなの聞いたことないよ」

それも当然でしょう。これまで日本では、子育てや教育の現場に科学が用いられることがなぜか少なかったからです。

ところが世界に目を向けてみると、子どもの発達や行動の支援、教育や子育てに関連する科学的研究はたくさんあって、そこでわかったことが現場で実際に使われています。

科学を使えば、少なくとも「失敗する」ことのリスクを下げ、「成功する」可能性を高めることができるわけですから、当然と言えば当然の流れでしょう。

たとえば、タバコが健康に悪い影響を及ぼすことは周知の事実ですよね。これは誰か偉い人が言ったとか、経験的にわかったなどというレベルではなく、たくさんの研究に裏打ちされた結果です。もちろん「タバコをやめれば100％病気にならない」わけではありませんが、リスクを下げることは確実です。

同様に、子育てや教育分野における研究結果も、子どもたちの将来の幸せを考えたとき、何をするとリスクが高まり、何をすればリスクを減らせるのかを明確に示してくれます。残念ながら100％を保証することはできませんが、少しでもリスクを低くして成功の確率を高めることができるならば、その知識を使わない手はありません。

今回取り扱う科学は、主に脳科学、行動科学、疫学統計学です。どれも非常に精緻《せいち》な学問であり、たくさんの地道な研究が積み重ねられています。また、ひとつひとつの学問の成果は、その限界や条件について厳密に語るべきものでもあります。

しかし本書では、そうした学問を「子育てや教育の現場に取り入れる」ことを重視しています。研究で明らかにされたことをそのまま語るのではなく、子育ての現場で奮闘する保護者のみなさんや先生たちが利用しやすい説明を心がけました。

そのため、もともとの科学からすると、少々乱暴に感じられる部分があるかもしれません。そのことについては、筆者の責任であることを明確にしておくとともに、もっと詳しく学びたいという人は、どうか関係の学会や大学、大学院で学ぶか、それぞれの専門家の著作に進んでいただければと思います。

子育ておよび教育の現場に科学を取り入れようという提案が、この本の柱となっています。そして何より、すべての子どもたちの幸せな未来の実現に寄与したいと考えて執筆しました。子どもの幸せは私たち大人の幸せであり、子どもたちの未来の幸せは、私たち社会全体の明るい未来を意味するからです。

子育てや教育現場で悩んでいる人たちにとって、本書がひとつの選択肢を提示することができればと願っています。

目次
contents

真実 1

勉強は子どもを幸せにすることもあるが、不幸せにすることもある

「勉強しなさい」にエビデンスはあるのか

多くのお父さんやお母さんが、子どもに「勉強しなさい」と言いますよね。学校の先生もそうです。私たちが子どもだったころもそう言われてきましたが、それには何か意味があるのでしょうか？　つまり、「勉強をする」ことが何か良いこと（たとえば将来の幸せなど）に結びつくという根拠があるのでしょうか。根拠なんて必要ない、そんなことは当たり前だ、と言う人も多いでしょうが、本書では根拠にこだわります。それも「科学的根拠」というヤツです。

最近、「エビデンス」という言葉があちこちで聞かれるようになりましたが、このエビデンスこそ科学的根拠を意味しています。つまり科学的研究の結果、間違いなく正しいのなら「エビデンスあり」と言えるでしょう。

では「勉強する」ことと「子どもの将来の幸せ」は、本当に結びつくと言えますか？「勉強する」→「将来幸せになる」という因果関係の証明ができるのでしょうか。

こうしたことを考えるとき、私たちが扱うのは個人ではなくて「群」です。この考え方はとても大切なので、例を挙げて説明してみましょう。

みなさんは、喫煙と生活習慣病の間に因果関係があることをご存じですよね？　タバコを吸う人は、吸わない人に比べて生活習慣病になるリスクが高い、ということです。これは「何となくそういう人が多いらしい」とか「誰か偉い人が言った」というような話ではありません。

研究により、タバコを吸う人の群はタバコを吸わない人の群より生活習慣病になった人の割合が有意に（統計的に意味がある、誤差範囲を超えている）多いことが証明されています。つまりエビデンスあり、と言えるのです。

もちろん、タバコを吸うからといって100%生活習慣病になることを意味していませんし、逆にタバコさえ吸わなければ生活習慣病にならないと保証しているわけでもありません。ヘビースモーカーでも長生きする人はいますし、個人を見ればいろいろなケースがあります。ですが群で考えたとき、タバコを吸う習慣は生活習慣病になるリスクを高めるという事実が、科学的に証明されているわけです。

このことによって、多くの人がタバコをやめようとしましたし、喫煙場所を制限する法律もできています。何しろ命にかかわることですから、リスクが少しでも上がるという話を聞けば、多くの人がそれに反応するのです。そして、タバコを吸う人が少なくなることによって社会全体で生活習慣病になる人が減りました。すなわち生活習慣病の予防が実現し、多くの人の健康が守れたと同時に、医療費の削減につながったことになります。

「勉強する」と「将来の幸せ」は遠いかもしれない

冒頭の話に戻りましょう。親も先生も、子どもに一生懸命勉強させようとします。それは「勉強をする」ことにより「幸せな将来」につながる可能性が高い、と信じているからですね。しかし、それは本当でしょうか。喫煙と生活習慣病のように、因果関係は証明されているのでしょうか？

多くの人が、こんな風に言うかもしれません。

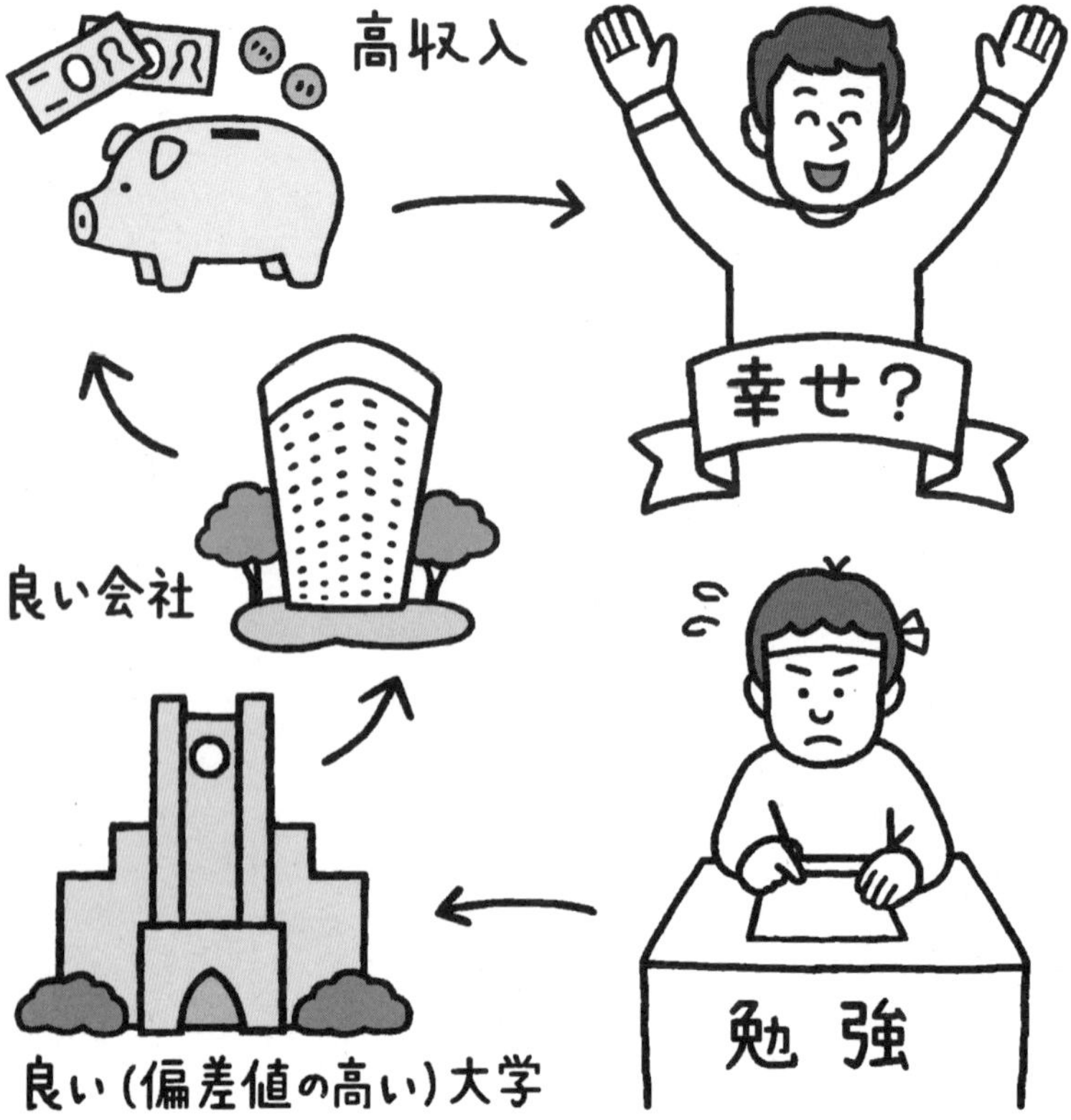
高収入
幸せ？
良い会社
勉強
良い（偏差値の高い）大学

「だって、そうなるのは確実だよ。その証拠に、勉強ができれば良い大学に行けるでしょ？ そうなれば勝ったも同然。良い大学に行った人は良い会社に就職し、収入が多くなり、結果として幸せになる可能性が高いもの」

なるほど、そんな気もしてきます。確かに良い（偏差値の高い）大学に行くと良い会社に就職できそうですし、そうなると収入も高くなります。しかも、「収入が高い」ことと「幸せ」に相関関係があることは、すでに科学的に証明されている事実でもあります。ただし、この論理にもじつは問題があるのがおわかりでしょうか。

ひとつは「勉強する」と「将来の幸せ」の間が結構遠いことです。「勉強する」→「良い大学」→「良い会社」→「高収入」→「幸せ」という流れになりますから、「風が吹けば桶屋がもうかる」のようなところがあります。だいたい「勉強をする」という行動が、どれだけ「良い大学への進学」につながるのでしょうか。

中には、たいして勉強しなくても良い大学に進学する子どもがいます。親の学歴で子どもの学歴を予測できる（つまり関連がある）、「ＩＱの高さ」が大学進学の最も大きな要因だから「勉強する・しない」は直接関係がない、とまで言い切る研究者もいます。

「良い大学」に行くことが「良い会社」もしくは「高収入」に必ず結びつくのか、という問題もあります。「良い大学」に進学したとしても、卒業できないままの学生もいます。退学する人もいますし、受験戦争で疲れ果て、引きこもり状態になる人もいると聞きます。それに、大学に行かなくても高収入を得ている人もいます。そうやって考えると、「勉強する」ことの意味がわからなくなってしまうのです。

「勉強する」ことの目的は、大学進学のためではない。高収入を得るためでもない。

それは副産物であって、大切なのは勉強の習慣をつけることだ、勉強することの楽しさを味わうためだ、と主張する人もいます。つまり「勉強する」→「良い大学」→「良い会社」という経路ではなく、「勉強する」→「将来の幸せ」のパターンですね。確かにそうかもしれないと思うところはありますが、証明するのは難しそうです。

なぜなら「勉強する」の意味するところが広がりすぎるからです。「良い大学」に入るための「勉強する」はたぶん受験勉強ですが、そうでないとするならば、「勉強する」は学校の勉強なのかそれ以外のことなのか明確でなくなります（たとえば特定のスポーツや芸術に秀でたり、実体験を積むことも勉強に入ります）。

いやそうではなくて、「勉強する」は受験勉強でいいんだよ。なぜなら「良い大学」に入った時点で「幸せ」なんだ、他の人より秀でていることの証明なんだから、と考える人もいるかもしれません。確かに東大、京大、慶應、早稲田などの有名大学は、そこの学生になったというだけで尊敬の目で見られることがあります。つまり大学がブランド化しているんですね。

ですが、考えてみてください。「勉強する」の結果、有名大学に入れる確率はどの程度でしょうか。もしかしたら「勉強する」の結果、報われないことのほうが多いかもしれません。だとすると、「勉強する」→「良い大学」の因果関係すら証明できないことになりかねないのです。

疫学《えきがく》統計学を使ってみよう

ところでみなさんは、「確証バイアス」という言葉をご存じでしょうか。確証バイアスとは、自分が信じていることを裏づける情報ばかりを集めてしまい、さらに自信を深めることを言います。たとえば、買い物をするときに自分が欲しい物の「良い情報」ばかり集めること、会議で意見が対立したとき、自分の意見に合う情報ばかり集めること、などがそれに当たります。

新車を買おうと考えている人は、自分が気に入っている車の良い情報を率先して集めてきますし、その車が走っているところばかり目に入ってくるでしょう。欲しい物があるときに、子どもが「みんな持っているから」と訴えるのと似ています。もちろん意図的にやることもありますが、無意識のうちにそうなってしまうことも多いと言えます。

ですので、「勉強する」→「幸せ」という図式を信じている人は、そういう事例やデータばかり目に入ってしまうのです。「○○さんが言っていた」とか「△△さんの息子がそのいい例だ」となり、さらには有名人の名前さえ使うようになります。

同時に「見たくないものは見えない」という現象も起こります。本当は「勉強なんかまったくしなかった」という事例もたくさんあるのに、そうしたことは一切見えません。「勉強する」→「不幸せ」の事例も見えなくなるでしょう。

その結果、残念なことに私たちは意味のない思い込みをしてしまうことがあるのですが、そんなときに頼りになるのが科学的研究です。この分野を「疫学統計学」と言います（占いの易学とは違います）。

疫学は、疫病（伝染病）の原因を突き止めることから始まったものですが、今では、疫病だけでなくあらゆることの原因を突き止める（因果関係を明らかにする）学問だと言えます。具体的には「喫煙が生活習慣病のリスクを高める」のように、何らかの特徴を持つ群（ここでは喫煙する／しない）とある事柄（ここでは生活習慣病）についての因果関係の証明を行います。その因果関係を明らかにするときに統計学を駆使するので、「疫学統計学」となるのですが、これがなかなか精緻《せいち》で難しい学問でもあります。

先ほどの「喫煙」と「生活習慣病」の因果関係ですが、この証明もじつは相当難しかったのです（今では当たり前になっていますが）。考えてみてください。生活習慣病のリスクを高める原因は、喫煙の他にもいろいろとありそうですよね。たとえば、食生活の傾向はどうでしょうか。これも証明されていますが、脂分の摂りすぎは生活習慣病のリスクを高めますし、アルコールの量や動物性たんぱく質の摂取量なども気になります。こんな風に「生活習慣病」という結果にかかわりそうな原因がたくさんあれば、特定のこととの関係を証明するのはかなり難しいのです。

具体的に考えてみましょう。あなたが、「喫煙」と「生活習慣病」の因果関係を証明しようとしていたとします。そこで喫煙者を1000人、非喫煙者を1000人集めて、その人たちを追跡調査します。そして5年後、どちらのグループに属する人が生活習慣病にかかっているのかを調べます。その結果、当然ながら喫煙者のグループのほうが多くなるわけですが、それで、「喫煙」と「生活習慣病」の関連が証明されたと言えるでしょうか？

よく考えてみると、これには突っ込みどころがあるのです。もしかすると、こう反論してくる人がいるかもしれません。「喫煙者のほうが、非喫煙者よりお酒が好きな人が多いんだよ。本当は喫煙は関係なくて、お酒が生活習慣病のリスクを上げてるんじゃないの？」と。同様に、「喫煙者にはストレスがかかっている人が多いんじゃない？生活習慣病のリスクを高めているのは、喫煙じゃなくてストレスなのでは……」などと言われるかもしれませんね。

このケースにおけるアルコールやストレスのように、本来証明しようとしているもの以外で結果に影響を与える要因を「交絡《こうらく》因子」と言います。この影響を考慮した上で、因果関係を証明するために統計学を使うことができるのです。

「勉強する」と「将来の幸せ」を定義する

では再度、「勉強する」と「将来の幸せ」の因果関係について考えてみましょう。この場合も交絡因子が何かを考えなければならないのですが、それよりももっと大切なことがあります。今まで「将来の幸せ」と繰り返してきましたが、この「将来の幸せ」を具体的にしておかなければなりません。つまり定義する必要があるのです。

生活習慣病のように病名や診断基準が明らかであれば、生活習慣病になったかどうか明確に決定できます。そうすると、生活習慣病になった人とならなかった人の群を比べることが可能ですが、「将来の幸せ」はあいまいです。たとえば貧乏でもニコニコしている人と、裕福でもストレスをためている人のどちらを幸せだと言えるのか、などとらえ方が多様になるのです。

個人の意見であればさまざまな見方があってかまいませんが、研究ではそうはいきません。誰が見ても納得できる定義をつくらなければ、データの収集さえできなくなります。同様に、「勉強する」も定義する必要があります。勉強した時間を重視するのか、テストの成績など結果を重視するのか……。

ただし、考えてみればわかる通り、このことについて完璧な答えはありません。「とりあえず」ということで、多くの人が賛同できる具体的なものにエイッと決めてしまうしかないでしょう。

「科学」とは言えこうしたところは非常に難しくて、「喫煙」にしても、一生に1回だけでも喫煙していたとするのか、一日に1本しか吸わない人と一日に30本喫煙している人を同列で扱っていいのか、といった問題が起きます。生活習慣病の中でも、高血圧などはいったいどのレベルからをそう呼ぶのかという議論が出てくるでしょう。もちろん、こうしたことを厳密にやってこその科学ですから、面倒だなんて言ってはいられないのですが。

では、「勉強する」ことの定義から決めましょう。こちらはひとつでなくてもかまいません。複数用意しておいて、「どれが将来の幸せに最も強く関連があるのか」を調べていくということでOKです。

勉強する時間、勉強の内容（後で詳しく説明しますが、いわゆる教科の学習かそれ以外のことかなど）、勉強の結果（成績）であれば、割と簡単に定義できそうです。勉強時間と成績は調査しやすいです。時間は、質問用紙を準備して本人に聞きましょうか。成績はさかのぼって調べることもできますね。特定のテストの点数であれば、データの提供をお願いできるかもしれません。

一方、勉強の「内容」は調べるのがちょっと難しそうです。教科の学習であれば、その量（時間）や結果（成績）から、どの程度やってきたのかわかりますが、それ以外のことは上手に調べなければなりません。たとえば部活や習い事、ボランティア経験の有無を聞くとわかってくるかもしれませんし、コミュニケーションや努力を続ける姿勢、創造力などは、いわゆる心理尺度（それらの力を科学的に正しく測定できることが証明されている質問法）で明らかにすることができます。

一方「将来の幸せ」を定義することは、かなり難しそうです。もちろん「収入の多さ」や「長生き」などに決めてしまうことも可能ですが、それで良いのでしょうか。もちろん、お金があることや長生きできることも幸せの形でしょうが、もっとさまざまな幸せがあるように思います。

こんな風に「将来の幸せ」を広くとらえていこうとしたときには、とても良い方法があります。幸せの反対、つまり「幸せでないこと」を定義してから、『「幸せでないこと』に当てはまらないこと」すべてを「幸せ」と定義するのです。そうすると、いわゆる「ささやかな幸せ」や「当たり前の幸せ」もすべて入ります。

親としては、有名人や大金持ちになってほしいわけではない、「当たり前の幸せ」を手に入れてほしいと願う場合が多いので、これはとても良いアイデアのように思えます。もちろん成功してほしいと願う気持ちも強いのですが、そうした成功も「当たり前の幸せ」の上にあるものです。まずは「当たり前の幸せ」を手に入れてくれればOKなのですから、そこを最初の目標にするのは悪くないと思います。

では「幸せでないこと」を定義するわけですが、これは案外簡単なものです。もちろん個人によって事情はありますし、そうした人を責めるつもりはないのですが、ここは科学だと割り切ってもらって「何らかの問題があること」を「幸せでないこと（幸せでない確率が高くなること）」と定義します。

「何らかの問題があること」には、いわゆる社会的に問題になっていることを当てはめます。具体的には、精神疾患（うつ、依存）、慢性疾患（生活習慣病）といった健康上の問題を持つこと、貧困、不就労、犯罪など社会的問題を持つことを指します。

このように「将来の幸せ」と「勉強」を定義した上で、本当に「将来の幸せ」と「勉強」に因果関係があるのか、もしあるとしたらどんな勉強が関連しているのかを考えてみる必要があります。

OECDのレポートより

先ほどの「将来の幸せ」の定義は、じつは私のオリジナルではありません。こうした人間の発達に関する科学的研究の多くが、同じような定義をしています。「問題がある人」と「ない人（＝幸せ）」の群を比較して、そこに子ども時代の何が関連しているのか明らかにする研究が多くあるのです。

勉強だけでなくさまざまな因子が検討されているのですが、そのほとんどが日本で紹介されていません。日本では子育てや教育については、道徳的、哲学的、理念的に語られることが多く、そこに「科学」が存在しないのはとても残念なことだと思っています。

さて、そんな風に膨大な研究があるのですが、その中からＯＥＣＤ（経済協力開発機構）のレポートをいくつか紹介していきましょう。ＯＥＣＤとは、国際経済全般を協議する国際機関なのですが、教育に関する国際的な研究をたくさん行っています。その理由がわかりますか？

当たり前のことですが、将来の経済活動は次の世代が担うからなのです。教育は未来への投資であり、より良い教育をする国は栄える。これはとても重要なことです。ＯＥＣＤの教育に関する研究は多岐にわたっていて、日本でも有名なＰＩＳＡ（※）もそうですし、発達障がいについてのレポートもたくさんあります。

ここで取り上げるのは、「社会全体の進歩を促進するために必要なこと」というものですが、このレポートでは社会全体の進歩が子どもたちの将来の成功（幸せ）と同列で扱われていることに注意してください。これまでＯＥＣＤが行ってきたものを中心に、たくさんの研究をまとめた上で以下のように結論づけています。

Ⓐスキル（認知、非認知）は、教育が社会的な結果に効果を出すために重要なことである

Ⓑ子どもが早い段階で非認知スキルを育てていないと教育効果は限定的になる

Ⓒ子どもたちの将来の成功と社会全体の進歩を成し遂げるために、認知スキルと非認知スキルの両方をバランス良く育てる必要がある

Ⓓ子どもたちの将来の成功にとくにつながるのは非認知スキルであり、自己効力感、社会性、自己コントロールスキル（忍耐力）がキーになっている

Ⓔスキルが次のスキルを育てるというエビデンスがある。恵まれない子どもたちを育てたり、社会的経済的不公平を是正したりしたいと考えたとき、幼児期に非認知スキ

※ＰＩＳＡ
（Programme for International Student Assessment）
ＯＥＣＤが進める、国際的な学習到達度に関する調査。15歳児を対象に、読解力、数学的リテラシー、科学的リテラシーについて3年ごとに調査を実施している。

ルを育てることがキーになる

内容を詳しく見てみましょう。

まずⒶですが、子どもたちの成功や幸せを考えたとき、勉強の時間や学力ではなく、スキルを身につけさせることに注目しています。スキルとは、「何かを成し遂げるために必要な具体的な能力」を指しますが、ここでは「認知スキル」「非認知スキル」の2つを挙げています。

Ⓑ以降、どちらかと言えば非認知スキルの重要性に言及されています。ちなみに認知スキルが読んだり書いたり計算したり問題に答えたりといった、いわゆる教科の学力につながるのに対して、非認知スキルはそれ以外の力（コミュニケーションスキル、感情コントロールスキル、創造力、意欲的態度、誠実さ、協調性のようなものまで）を指します。

別の言い方をするならば、認知スキルは学習の結果（どれだけ覚えているのか、どれだけ問題が解けるのか）であるのに対し、非認知スキルは、学習の方法や態度（どのように学習をするのか、どのような態度で学習するのか）であると説明できます。そしてこのＯＥＣＤのレポートは、明確に「非認知スキルのほうが重要である」と言っているのです。

Ⓑには認知スキルと非認知スキルをバランス良く育てることが大切だとあるのですが、細かく読んでいくと、幼児期に非認知スキルを育てておくと、認知スキルも育ってくると書いてあるんですね。

たとえば、幼児期から友達と楽しく遊び、絵を描いたりパズルをしたりすることに粘り強く取り組める子どもは、小学校になってから学習への取り組みが良くなるのは誰にでも想像がつくわけです。逆に幼児期から文字や英語、数といった、いわゆる〝お勉強〟を一生懸命していても、コミュニケーションスキルや協調性、我慢強さがない子どもは、小学校以降の学習に参加すること、がんばって取り組むことが難しくなるかもしれません。

学び方を学ばせることの大切さ

いよいよ「勉強する」と「将来の幸せ」の関係がわかってきました。勉強で学力をつけ、成績を上げることは確かに大切かもしれませんが、それは認知スキルでしかありません。認知スキルと同程度、もしくはそれ以上に非認知スキルが大切だと言えそうです。ＯＥＣＤでは、自己効力感、社会性、自己コントロールスキル（忍耐力）がキーであるとされていましたが、それ以外にも自分を管理するスキル、時間を上手に使うスキルなども重要です。

もしかしたら、「勉強すると将来の幸せにつながる」というのは正確ではなくて、「勉強ができる人の中には非認知スキルのある人が高い確率で含まれている」ことから、そのように見えたのかもしれません。しかも、そうした人は非認知スキルが高い上に認知スキル（学力）も高いので、両者のバランスがとれており、余計に「将来の幸せ」につながりやすくなっていた可能性があります。

また、「学力は高くないのに幸せになっていた人」の謎も解けました。そうした人は、テストの点数につながるような認知スキルはあまりないけれど、友達と仲良くするとか、ひとつのことをていねいに行うとか、いつも機嫌が良いなどの非認知スキルが高かったわけです。

実際、高学歴なのにコミュニケーションスキルがなく、情緒も安定しないなど、非認知スキルに問題があったため就労に失敗して引きこもってしまった、という例も多いように思います。逆に勉強はできないけれど、愛想も要領も良くてビジネスを成功させた人もたくさんいます。もっと言うならば、知的障がいがあって特別支援学校を卒業したけれど、いつもニコニコと気持ちが安定していて、その人なりに仕事にまじめに取り組めるような人は、いわゆる幸せな将来を実現する可能性が高くなるわけです。

そこで、改めて「勉強する」と「将来の幸せ」の関係を考えてみましょう。どうやら、単純に勉強をさせれば将来の幸せにつながるということではなさそうです。認知スキルも大切ですが、それよりも非認知スキルが将来の幸せに強く関係するわけですから、非認知スキルを高めることについても配慮すべきでしょう。

非認知スキルの育て方については、すでにエビデンスがある方法が開発されています。日本の教育では、こうした明確なプログラムを開発したり実践したりすることはありませんが、教育の現場を見てみると、うまくいっている学校や幼稚園、家庭では、知らず知らずのうちに非認知スキルを育てるような働きかけをたくさんしています。

ＯＥＣＤのレポートを参考に考えると、重視すべきは自己効力感、社会性、自己コントロールスキル（忍耐力）ですが、それを「勉強する」こととどのように関連づけるべきでしょうか。非認知スキルの育ちは「実行機能」という脳の働きと関連しているのですが、詳しくは第8章で説明するとして、ここではとても大切なことにひとつだけふれておきたいと思います。

それは、勉強させることを重視しすぎて、子どもの自己効力感を奪ってしまっていないか、という点です。自己効力感は非認知スキルの中でも重視すべきものですが、問題は親や教師が子どもに勉強をさせようとするあまり、子どもの自己効力感を高めるどころか、傷つけたり奪ったりしてしまう恐れがあるということです。

自己効力感は、難しい課題にぶつかったときに「自分はやれるぞ！」と思う気持ちを指します。これがないと物事にチャレンジすることができなくなります。もちろん人生はチャレンジの連続ですから、自己効力感を失うとそのダメージは非常に大きくなることでしょう。逆に自己効力感があればさまざまなことに前向きに取り組めますし、たとえ失敗したとしてもそこから学ぶことができるはずです。

自己効力感を奪う方法は簡単です。子どもをロボットのように扱えばいいのです。ロボットは命令によって動きます。そして、ロボットはロボットですから、言いつけられたことを完璧にこなさなければなりません。つまり「命令の通りに動いて当たり前、そうでなければ叱られる」ということになります。

ロボットは、自分から何かをしようとすることは期待されません。つまり自己効力感なんて必要なくて、ただ言いつけを守れば良いというわけです。そこで考えてみてください。子どもに勉強をさせるときに、ロボットのように命令していませんか？「勉強しなさい」と命令し、さらには「何時間やりなさい」「この教科をやりなさい」と、やるべきことをまわりの大人が細かく決めてしまっていないでしょうか。

またロボットは、命令どおりに動いて当たり前ですから、指示のとおりの行動をしてもほめられることはありません。むしろ、完璧でないところが少しでもあると叱られるのではないでしょうか。子どもをロボットのように扱う親は、指示ばかりします。ほめることはなく、わざわざうまくいかないところを見つけて叱ることに注力します。

そうすると、子どもの自己効力感はあっという間になくなります。何しろやってもほめてもらえないくせに、少しでもうまくできないことがあると叱られるのです。「自分はやれるぞ！」「がんばれば何とかなるぞ！」という気持ちを育てるには、「うまくいった（たとえ失敗があったとしても）」「がんばれば何とかなった（少々うまくいかないことはあるけれども）」のような経験が必要なのにもかかわらず、です。

子どもたちの将来の幸せを実現させたいならば、私たち大人はもっと子どものがんばりを認め（多少の失敗には目をつぶり）、成し遂げたことの喜びを味わわせるようにしたほうが良さそうです。

もちろん、勉強はできないよりできたほうが良いでしょう。しかし子どもの自己効力感を奪うようなやり方をするならば、それは逆効果になります。とくにさまざまな理由から勉強が苦手な子どもには、うまくいかないことが多い勉強ばかりをさせていて良いのでしょうか？　むしろその子の得意なことに目を向かせて「できた」という

失敗を責めてばかりいると、
自己効力感がなくなります

経験を多くさせ、「自分はできる！」という自己効力感を身につけさせるべきです。

乱暴な言い方かもしれませんが、勉強が好きでない子には無理に勉強をさせなくていいと思います。得意と不得意がある場合は、不得意な教科ばかりやらせる必要はありません。得意なことをたくさんさせて、自己効力感を高めるのが先決です。

そうすると、不得意なことは放っておくのか、とお叱りを受けるかもしれません。もちろんそういうわけではありません。自己効力感が高まった子どもは、自ら（もしくは少しの励ましを受けて）不得意なことにも向かうからです。さらに言うならば、不得意なことは避ければいいのです。不思議なことに、「学校」だけが音楽が苦手な子に音楽をやらせ、スポーツが不得意な子にスポーツを強制しています。社会に出たら、自分の意思でやりたいことを選べるようになるというのに（第4章参照）。

子どもたちに勉強をさせたいという親心はよくわかりますが、あくまでも自己効力感を育て、非認知スキルを高めることこそ大事だと考えるべきでしょう。

Point

真実 1

勉強は子どもを幸せにすることもあるが、不幸せにすることもある

□「勉強する」と「将来の幸せ」の間は意外に遠い。

□自分の都合の良い情報ばかりを集める「確証バイアス」に陥ってしまうと、真実が見えにくくなる。

□疫学統計学とは、「喫煙をする人（群）はそうでない人（群）に比べて生活習慣病のリスクが高い」というように、因果関係を証明する学問である。

□「将来の幸せ」は、成人期の問題を定義した上で「問題を起こさない」ことだと定義することができる。

□ OECD のレポートでは、非認知スキルを育てることが将来の幸せにつながることを指摘している。

□認知スキルが教科の内容であるのに対して、非認知スキルは学び方、自己効力感などを指す。

□勉強をさせようとするあまり、自己効力感を奪ってしまうのでは意味がない。

真実 2

結局、「叱る」は大人の負け

あなたが「叱る」理由とは？

あなたは子どもを叱ることがありますか？

そう聞かれたら、多くの親、先生、大人が「ある」と答えることでしょう。では、重ねて質問させてください。なぜあなたは子どもを叱るのですか、と。

たぶん「子どもが悪いことをしたから」とか、「子どものその行動をやめさせたいから」と答える人が多いと思いますが、そこでさらに質問です。本当に、「叱る」と子どもは悪いことをしなくなるんですか？

別の言い方をすると、「叱る」→「悪いことをしなくなる」には、エビデンスがあるのか、ということになります。「こんなことにエビデンスなんて」と思う人がいるかもしれませんが、あえて言わせてください。人の思い込みほど怖いものはないのです。だから科学を使う必要がありますし、実際「叱る」ことに意味があるかどうかを確かめた研究は山ほど存在しています。

人の行動の性質について明らかにする学問を「行動分析学」と言いますが、その創始者であるアメリカのバラス・スキナー博士［1904−1990］は、人の行動を増やしたり減らしたりするにはどうしたら良いのかについて研究しました。ちなみに、スキナー博士の研究は「ほめる」ほうから始まったのですが、ここでは「ほめる」と「叱る」にかかわる研究を両方紹介した後、「叱る」の話に戻りたいと思います。

さて、スキナー博士は、マウスやハトなどの動物にある特定の行動を教えることにしました。「レバーを引く」「ボタンを押す」といった行動を教え、その行動を増やすことに挑戦したのですが、みなさんはどうすれば良いと思いますか？　そんなの簡単だ、と思う人も多いことでしょう。

犬を飼っている人だったら、「オスワリ」「マテ」などのコマンドを教えることを思い出すでしょうし、イルカやアシカの調教の様子を思い浮かべる人もいるかもしれませんね。つまり、こちらが望んだ行動をしたときにすかさずごほうび（餌）を与えれば良い、ということです。

たとえば、こちらが犬に「オスワリ」と言って、最初はたまたまオスワリができたときにごほうびを与えます。それを何度も繰り返すうちに、犬は「オスワリ」と言われたらその姿勢をとることを学びます。ここで「ごほうびを与える」ことは「ほめる」ことを意味します。行動分析学では、ある行動を増やすことを「強化」、強化するときに使うものを「好子《こうし》」と言います。

さて、マウスもハトもそれ以外の動物も、結果として餌を得られるとわかればその行動をとるようになることを、私たちの多くは知っています。この「結果として餌を得られることがわかれば」という点が重要です。

ごほうびをもらえるなど「良いことが起こる」とその前の行動が増えますが、逆にたたかれる、怒鳴られるなど「良くないことが起こる」とその前の行動が減ります。そして、このように「結果によって、その前の行動が増えたり減ったりする」ことを、スキナー博士は「行動随伴性」と名づけています。

この行動随伴性は、私たち人間にもあります。単純なところで、（結果として）おいしいケーキが食べられるお店には通いますし、（結果として）楽しい気分にしてくれる人には会いたくなります。逆に（結果として）おもしろくない経験をするような場所は避けますし、（結果として）すぐ怒る人の近くには近寄らないようにします。私たちはこうした経験をしていることから、無意識のうちに（もしくは意識的に）こう考えるわけです。

叱られるのは誰にとっても嫌なことだろう。だから、やめさせたい行動を見たら、できるだけ厳しく叱るのだ。そうすれば、二度とその行動をとらなくなるだろうから——。

もっともな話に思えますね。ところが、これが科学的にはそう単純なものではないことがわかっているのです。だから科学はおもしろいとも言えます。

叱られた結果、その行動は減るのか？

ここでＡＢＣ分析を紹介しておきましょう。これは行動分析学で使われる基本的な考え方です。細かくはいろいろな理屈があるのですが、ここではおおざっぱな紹介をさせていただきます。

下の**表1**を見てください。Ａ＝先行条件（先行刺激）、Ｂ＝行動、Ｃ＝結果（後続刺激）となっています。これまで子どもの行動のみに注目してきたのですが、ＡＢＣ分析ではその前後を含めて、整理してとらえることになります。

表1●

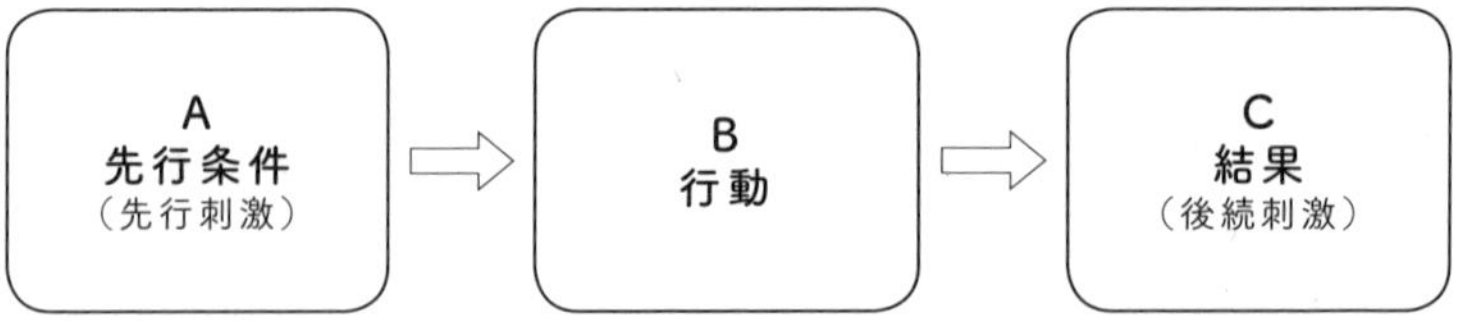

では行動（B）のところに、わが子の気になる行動（やめさせたい行動）を入れてみましょう。たとえば「大声で騒ぐ」とか「弟をいじめる」とか「食事中に歩き回る」とかですね。そのとき、親であるあなたは、叱ることになります。次に結果（C）のところに「叱られる」と書き入れてください。横に「↓」と書きます。これは、「良くないことが起こった」という意味です（表2）。

その行動（B）の結果（C）に良くないことが起これば、当然、行動（B）は減るという理屈ですが、本当に減っているでしょうか？ 実際どうなのか、考えてみてください。いまだにそのことが「わが子の気になる行動」として挙げられているとすると、これまで何度も叱っても、その行動が減っていない可能性があります。

いくら叱ってもその行動が減らないとしたら、そこで私たちは学ばなければなりません。その行動は叱るだけでは減らない、ということを。そして、もしかしたら自分が思っているほど自らの「叱る」という方法に効果がないということを……。

行動分析学の世界では、ターゲットになった行動を減らすことができるものを「嫌《けん》子《し》（罰／すなわち叱ること）」と言います。逆に言うならば、「叱る」ことをしてもその行動が減らなかったら、あなたがやっていた「叱る」行動は本当の嫌子になっていなかったことを意味します。効果がないのなら、さっさとその方法をやめたほうがいいと思います。

いや、そんなことはない、「叱る」ことをすればその行動は減った（もしくはなくなった）という経験を持っている人もいるはずですが、それでもなお「叱る」行動はあまり好ましいやり方ではありません。「叱る（とくに厳しく叱る、体罰を与える）」には深刻な副作用があり、全体としての教育効果はむしろマイナスであることがわかっ

表2

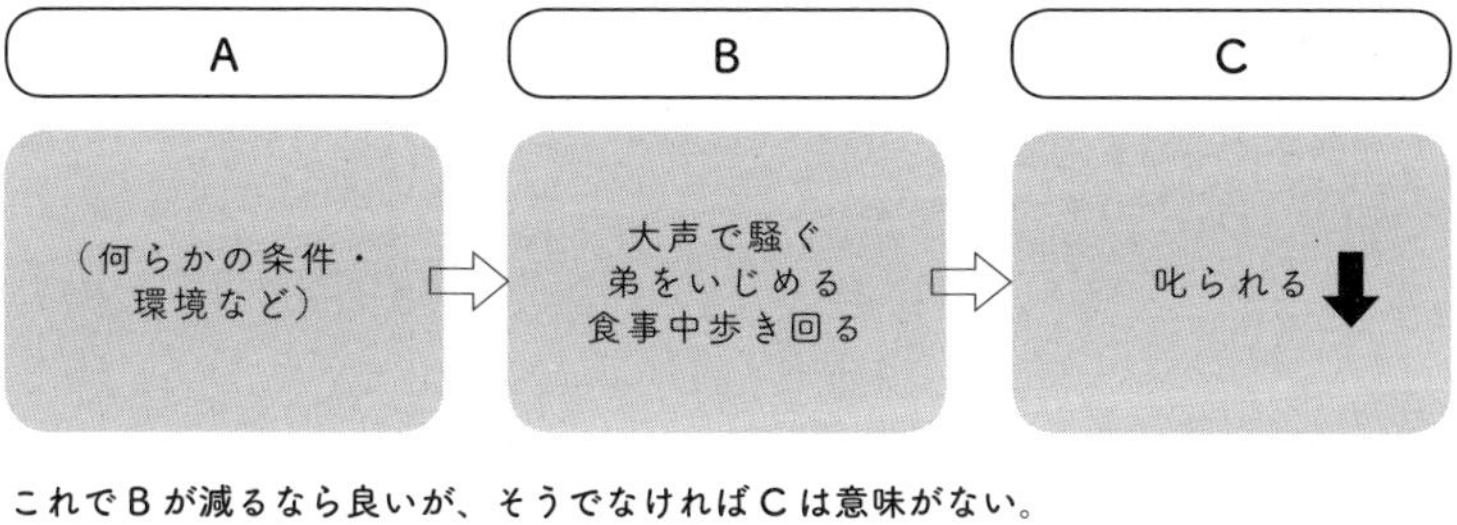

これでBが減るなら良いが、そうでなければCは意味がない。

ているからです。

「叱る」の副作用1〜弁別の法則

「叱る」の副作用はいろいろあるのですが、最も重要なものとして「弁別の法則」を挙げておくべきでしょう。これは「行動は先行条件によって弁別される」ことを意味しますが、さっそく例を挙げて説明します。

あなたがある工場に勤務していて、その工場には厳しい工場長がいたとします。その工場長は、やたらと社員を怒鳴りつけます。とくに社員が作業中、少しでもおしゃべりをしたら大声で叱ります。

では、先ほどのABC分析表を使ってみます。まず、ここで行動（B）に「作業中のおしゃべり」が入ります。そして、結果（C）のところに「工場長に怒鳴られる」が入ります（表3）。

するとどうなるかと言うと、あなたはおしゃべりをするのをやめるようになるでしょう。工場長に怒鳴られるのは嫌ですから、あなたに限らず、社員全員がシーンとして作業をすることになります。工場長の思った通りの状況ができあがったわけです。

ところが、そこに問題があります。その工場長、よくその場からいなくなるんですね。何しろ工場長ですから、本社に呼び出されることもあれば、来客対応をすることもあるでしょう。と、どうなりますか？

たぶん誰でもそうだと思いますが、工場長がいるという条件（A）ではおしゃべり

表3

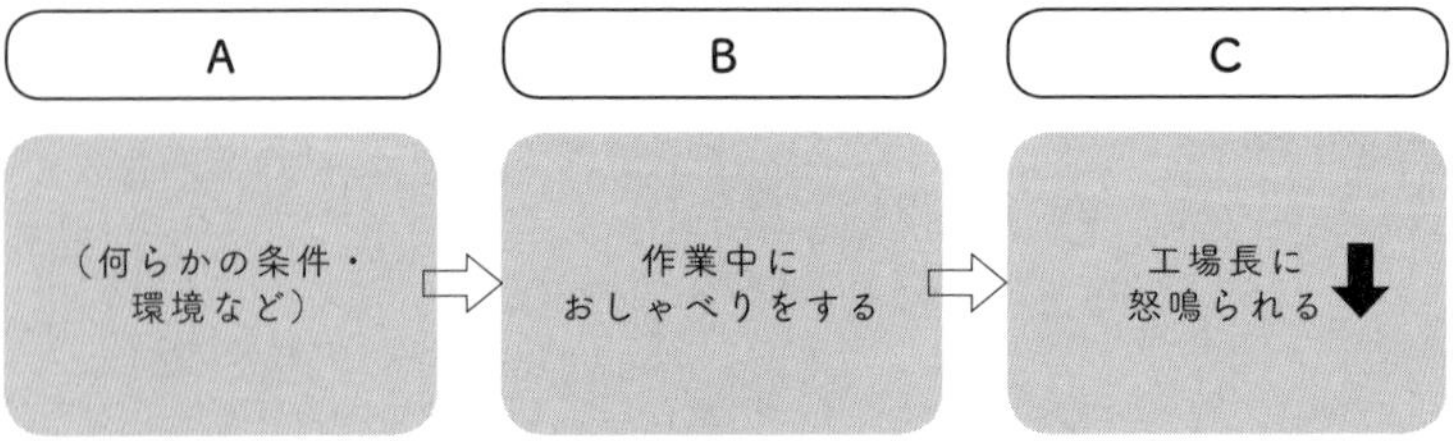

をしないけれど、工場長がいないという条件（A′）ではおしゃべりをすることになってしまいます（表4・5）。なぜなら工場長がいなければ（A′）、「おしゃべりをしても怒鳴られない（C）」と同じ結果を得られるのですから。

つまり、先行条件により行動は変化するのです。これをAによってBが弁別されるという意味で「弁別の法則」というのですが、これを子どもの行動に当てはめるとどうなるでしょうか。

「叱られる」のは確かに嫌なことです。よって、「厳しく叱る怖いお母さん」がいるという条件（A）では、「大声で騒ぐ」とか「弟をいじめる」とか「食事中に歩き回る」行動（B）が減ります。その結果、子どもは「叱られない⬆」（「嫌なことが起こらない」のは「良いことが起こる」のと同じ）という結果（C）を得ます（P38／表6・7）。

ところが、「怖いお母さん」がいないという条件に変わると（A′）、行動（B）は元に戻ってしまいます。なぜなら行動（B′）のままでも、結果（C′）は「叱られない⬆」と変わらないからです。どうでしょうか。これでは意味がないですよね？

私たちが望んでいるのは、どんな条件でも子どもが悪い行動をしない（良い行動をする）ことなのです。「怖い人がいる」状況（A）のみでの行動変化は、意味がないどころか「条件によって行動を変えて良い」という悪い学びをさせてしまうことになります。

表4

A		B		C
工場長がいる	⇨	おしゃべりをしない	⇨	工場長に怒鳴られない ⬆

表5

A′		B′		C′
工場長がいない	⇨	おしゃべりをする	⇨	工場長に怒鳴られない ⬆

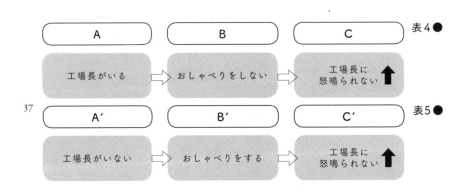

厳しく叱る人の理屈

ということで、「叱る」は良い方法と言えないのですが、これが厳しく叱ることをしている本人から見ると、そうは感じられません。その結果、厳しく叱る人は自分の行動を変えられなくなる、という事態が起こります。このメカニズムを知っておくことは非常に重要ですから、このこともABC分析表で考えてみることにしましょう。

今度は厳しく叱る人の立場で考えます（P39／表8）。まず先行条件（A）に「子どもの不適切な行動を見る」が入ります。「大騒ぎをする」でも良いですし、「弟をいじめる」「食事中に立ち歩く」でもかまいません。その条件が起こると、その人は「怒鳴る」「厳しく叱る」「体罰を与える」といった行動（B）を起こしたとします。すると結果（C）としては、「すぐに子どもがおとなしくなる」ことが起こります。

これは厳しい人にとって良い結果ですよね（つまり⬆となります）。そうすると、行動理論としては「良い結果が起こる」ことが期待できる行動は増えるということになります。しかも「すぐに」というところが重要で、これを即時強化と言い、その前の行動をとても起こしやすくするとされています。

自分が怒鳴っただけで、まるで魔法のように（本当は怖いだけでその場だけのことなのですが）子どもの行動が変わるというのは、その人にとって大きな誘惑になるというわけです。

よって厳しく叱る人は、「自分が厳しく叱りつければ、あの子も言うことを聞く」という成功体験を積みます。自分に指導力があると誤解してしまうことすらあるのです。

ところが前に述べた通り、そこには弁別の法則が働きます。その子どもは、「その人

表6

A		B		C
お母さんがいる	⇨	大声で騒がない	⇨	叱られない ⬆

表7

A′		B′		C′
お母さんがいない	⇨	大声で騒ぐ	⇨	叱られない ⬆

の前」という条件下ではその行動をしなくなるけれど、「その人がいない」という条件では元に戻ってしまうでしょう。本当は教育効果として十分でないどころか、さらに問題を大きくしてしまうのですが、それらは厳しく叱る人には見えません。自分の前では子どもが良い子になりますから、「私に任せなさい」「私がその場に行けば大丈夫なんだから」と自信満々になってしまうこともあります。その結果「もっと厳しくしたほうがいい」という理屈になり、他の人にも「怒鳴る／厳しく叱る／体罰を与える」行動を求めるようになります。

これは虐待をする親がはまり込む考え方でもありますし、一部の教師の中にもそういう考えの人がいることは非常に大きな問題だと思わざるを得ません。

「叱る」の副作用2～派生の法則

もう一度、先ほどの例に戻って考えます。やたら怒鳴る工場長のお話です。あなたはその工場でまじめに働いているのですが、工場長はやっぱり怒鳴るわけです。でも弁別の法則があるので、工場長がいないときは、みんなでおしゃべりを楽しみながら作業しますし、それでまったく問題ありません。ですから、工場長がちょっとのおしゃべりでも怒鳴るのは理不尽なことだと思っています。こんな状況下で、あなたや他の社員は工場長のことをどう思うようになると思いますか？　当然、嫌いになりますよね。これが「派生の法則」です。

もともとあなたや他の社員が嫌だったのは工場長の「厳しく叱る」という行動だっ

表8●叱る人の立場

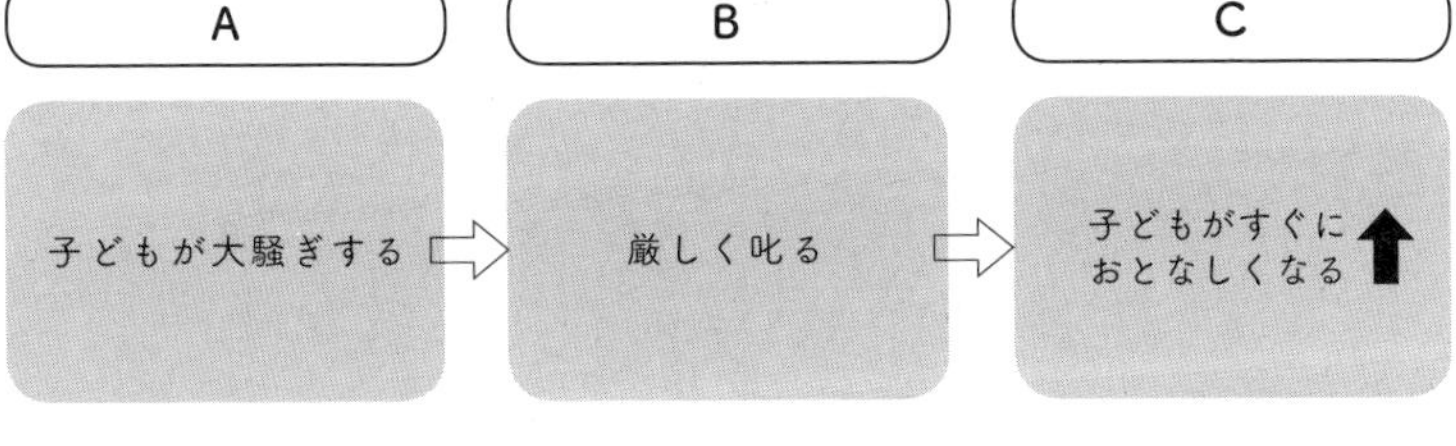

たのですが、その「嫌だと思う気持ち」は工場長の「厳しく叱る」行動だけでなく、その近くにあるさまざまなものにも派生するようになります。工場長自身はもちろん、工場長の服も部屋も車も、工場長のまわりにあるものや関係するもの、すべてが嫌われていきます。

これと同じようなことは、多くの人が学生のころに経験しているはずです。数学の先生が嫌いだと数学も嫌いになるとか、逆に国語が好きだと国語の先生も良い感じに思えてくる、といったことです。こんな風に、派生の法則は嫌いなことだけでなく好ましいことでも作用します。アイドルのファンの人が、そのアイドルが出ているＣＭの商品を購入することがあると思うのですが、それは派生の法則によるものと言えます。

この派生の法則は、担任だろうが親だろうが容赦なく作用します。なので、子どもに対して「厳しく叱る」行動をし続けると、どんな立場であれ、その子どもに嫌われてしまいます。とくに親が「厳しく叱る」場合、子どもは「嫌いだけど好き」「離れたいけど近づきたい」という矛盾した気持ちを持たざるを得なくなり、それがさらに子どもを傷つけてしまいます。

「叱る」の副作用3～反発の法則

厳しく叱る工場長の話に戻ります。工場長は当然、みんなから嫌われるわけですが、それと同時に反抗したくなる気持ちも大きくなりますよね？　ですが、誰も直接言い返すことはしません。なぜなら、工場長のほうが役職が上で力を持っているからです。

社員たちがもし工場長と対等の立場だったらどうでしょう。怒鳴られたら怒鳴り返す人もいるでしょうし、もしかしたら逆ギレのように倍返ししてしまう人もいるかもしれません。

これは他の動物もそうなのですが、急に攻撃される（この場合は怒鳴られる）と、とりあえず反発する（攻撃し返す）傾向を持つとされています。これを「反発の法則」と言います。いつもは従順な犬でも、急に何かをされると（餌を取り上げられる、たたかれる、怒鳴られるなど）、反射的に大きく吠えたり向かってきたりするのと同じです。

そうでなくても、私たちは子どものころから何度もそういう気持ちを味わってきています。怒鳴りつける先生に反発したい気持ちはあるけれど、とりあえずそれを抑え込み我慢していたこと、理不尽なことを言う先輩に逆ギレしてしまったことなどです。

困ったことに、こうしたときの怒りや反発の気持ちは、時として蓄積します。チャンスがあればやり返してやろう、という気持ちになってしまうのです。意識的な場合もあれば、無意識のうちにそうなっているときもあります。その結果、「厳しく叱る人」ではない人に対してそうした攻撃性があらわになることがあります。それが八つ当たりです。

それからもうひとつ、叱ることには副作用があります。「厳しく叱る人」が、子どものモデルになってしまうという問題です。言うまでもなく、子どもはまわりにいる人の影響を受けます。周囲の大人たちの行動を真似することも多くあるでしょう。ある日、わが子が自分と同じような口調で、同じようなことを言っているのを見てハッとしたことがある人もいるのではないでしょうか。

つまり自分の親や担任が厳しく叱る人だったとき、その子どもも何かチャンスがあれば相手に対して厳しく叱る人になってしまうのです。とくに子どもは、時と場を考えて行動をコントロールすることができませんから、自分より弱い者(たとえば弟や妹、後輩、自分より力が弱いと思われる友達)に対していきなり怒鳴りつけたり、場合によっては暴力を振るったりするようになります。つまりいじめの加害者を育ててしまうことになるわけです。

実際、厳しく叱ることばかりしている指導者がいる運動クラブではいじめが増えたとの報告がありますし、そういう先生が担任のクラスでは思いやりのある子どもよりも、他人の悪い点を攻撃するような子どもが増えたという話も聞きます。

ということで、厳しく叱ることは(厳しく叱る人には気づきにくいものの)子どもに悪い影響を与えることが多いと言えます。だからやっぱり「叱る」、とくに「厳しく叱る」ことや体罰はしてはいけないのです。

「叱られて良かった」という体験〜生存バイアスの問題

これまで叱ることの問題を詳しく解説してきたわけですが、それでもなお叱ることの必要性を主張する人がいます。

「いや、そんなことはない。厳しく叱られたからこそ、奮起してがんばることができるんだ。これまでそういう例がたくさんあった。○○さんもそうだし、△△さんもそうだ。有名人の××さんもそうだったと著書に書いてあった」と。

これを言うのがいわゆる一般の人ならまだしも、時として元プロ野球選手とか芸能人とか、影響力がある人が少なくないので困ったものです。

これらは「生存バイアス」に陥っている可能性があります。生存バイアスとは、ある事象についてうまくいった人（生存者）の意見のみが偏って取り上げられてしまうことを意味します。

例を挙げましょう。ある運動クラブがあったとします。そのクラブには伝説のコーチがいて、体罰を含めた厳しい指導がなされていました。本来体罰や厳しい指導はあってはならないのですが、その運動クラブはいつも全国大会で優勝、多くのプロ選手を輩出していることから黙認されてきたようです。そして、その運動クラブ出身のプロ選手が言うわけです。

「やはり厳しい指導は必要だ。時に鉄拳制裁もあってしかるべし。なぜなら、私自身を含めた多くのプロ選手を輩出した運動クラブのコーチが、そういうことをして実績を上げてきたからだ」

これは、体罰を含んだ厳しい指導容認論です。容認どころか、そうした指導をしたほうが良いと主張しているのですが、ここに大きな間違いが潜んでいます。

よく考えればわかるのですが、「厳しい指導」が「すばらしい成績」や「プロ選手を輩出すること」に結びつくという因果関係は証明されていません。一見、厳しい指導があったことにより、すばらしい成績、プロ選手の輩出という結果が出たかのように感じます。でも、そうではない可能性も相当高いでしょう。

たとえば、その運動クラブの部員数はどのくらいだったのでしょうか。そもそも絶対数が多ければ、素質のある子どもが多く含まれるはずです。たとえば、偶然良い成績を残して注目を浴び、地域の才能ある子どもたちが殺到したとしたらどうでしょう。極端な話、指導者の資質や指導方法よりも、そこに所属する部員に才能がある子どもが多かった、というだけかもしれません。つまり「厳しい指導の結果、自分が成功した」との主張に根拠はありません。その人は、どんな指導者であろうが何らかの形で成功する人だった可能性もあります。

また、そう話しているプロ選手は、その運動クラブの生存者である可能性が高いです。生存者とは文字通り「生き残り」です。ある群の中で成功し、発言の機会を与えられた人を指します。これは運動クラブだけに限らないのですが、何かの活動でうまくいった人だけが発言の機会を与えられる傾向にあること、思い当たりませんか?

あるダイエット方法を実践してうまくいったと主張するのは、(当たり前ですが)うまくいった人だけです。うまくいかなかった人は、わざわざうまくいかなかったことを発信しません。スポーツに限らず、芸術、学問もそれ以外のどの世界でも、成功した人は発信の機会を与えられますし、発信したいと思うようにもなります。一方、その前の段階で耐えきれずやめていったり成功できなかったりした人は、表舞台に立つことすら許されません。

「厳しく叱られて良かった」と言える人は、明らかに生存者です。たぶんその人は、たまたまそうした指導を受けても耐えられる力を持っていたか、そうした指導のマイナス効果を逆転させるような因子（友達の良さ、家族のサポート、本人の才能など）を持っていたかしたわけで、厳しい指導がその人の成功の主な理由である可能性は高くありません。

むしろ、才能がありながらもその厳しい指導のために大成しなかった人もいることでしょう。さらには厳しい指導によって大きく傷つき、大人になってからもＰＴＳＤ（心的外傷後ストレス障害）や自己肯定感の低下などで苦しんでいる人がいる可能性が高いのです。

「叱る」状況はなぜ生まれるのか

こう見てくると、「叱る」という方法は、教育や子育ての場で、あまり使わないほうが良いようです。ただ、いろいろな条件がそろいさえすれば、「叱る」ことをしてもＯＫだし、それによる効果も期待できることもあります。しかし発達段階が初期の場合は、副作用のほうが大きいのです。

それなのに、大人たちは相変わらず「叱る」ことをし、時として「叱る」以外の方法はないと主張します。その理由を、例によってＡＢＣ分析で考えてみたいと思います。

この場合、主体となるのは叱ることをする大人ですので、行動（B）のところに「叱る」と入れます（表9）。この「叱る」という行動が起こりやすくなるのは、結果（C）に「子どもが不適切な行動をしなくなる⬆」が入るからです。もちろんこの「子どもが不適切な行動をしなくなる」は、厳しく叱る大人がいる条件でのみ起こることで、それが厳しく叱る大人本人には見えにくいところに問題があるのですが……。

では先行条件（A）には何が入りますか？　簡単ですね。「子どもの不適切な行動」が入ります。何もないのに「叱る」という行動（B）は起きませんから。

では、今度は子どもが主体となるABC分析表を作りましょう（表10）。この表での行動（B）は、「不適切な行動」です。結果（C）も明らかです。「叱られる⬇」となり、その結果、行動（B）「不適切な行動」は減ることが期待されます。では、先行条件（A）に何が入るのでしょうか？

行動（B）の「不適切な行動」が具体的に何かがわからないと考えられないと思う人は、行動（B）を具体化してみてください。「大騒ぎをする」でも良いですし、先ほどのように「弟をいじめる」「食事中に立ち歩く」などでもかまいません。

コツは、その子どもがそこで挙げられている行動の正反対に位置する行動、たとえば「静かに宿題をする」「弟と仲良く遊ぶ」「マナーを守って食事する」を思い浮かべ、そうしたときにある先行条件（A′）と、何が違うのかを考えてみることです。そうすると、だいたいの場合は課題設定もしくは環境設定に問題があることが明らかになってきます。

表9●大人が主体

A		B		C
子どもの不適切な行動	⇨	叱る	⇨	子どもが不適切な行動をしなくなる⬆

表10●子どもが主体

A		B		C
?	⇨	不適切な行動	⇨	叱られる⬇

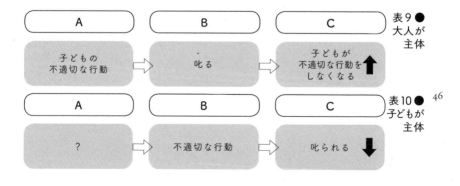

課題設定と環境設定を整える

　課題設定とは、子どもにやらせようとしていること（活動）の難易度や量を意味します。また、そのことを指示したり説明したりする大人の問題も含みます。

「大騒ぎをする」子どもは、なぜ「静かに宿題をする」ことをせずに大騒ぎをするのでしょうか？　よく観察して考えてみると、「大騒ぎをする」ときは、用意された活動が難しすぎたり簡単すぎたりしておもしろくないことがわかってきます。もしくは、量が多すぎて嫌になってしまったり、逆に少なすぎてやることがなくなったりしている可能性もあります。大人の指示が明確でなくて、何をすれば良いのかわからなかったのかもしれません。その証拠に、その子どもに合わせた課題設定をしさえすれば、その子は静かに・集中して活動に取り組めるのですから……（表11・12）。

「弟をいじめる」行動についても、課題設定の問題があり得ます。弟と仲良く遊べるような遊びがなくて、逆に弟と争いが起きそうな課題（ゲーム機がひとつのみで取り合いになる状況、優劣や勝負を競うような遊びしかない状況）しか提供されていない可能性があります。また、その子ども自身の発達段階が、まだひとり遊びを楽しむ時期であって、弟と仲良く遊ばせようとすることそのものがまだ難しい場合だってあるでしょう。

「食事中に立ち歩く」行動についても、同様に考えられます。どのくらいの時間座っていることを要求されているのかが、子どもにとってわかりにくいのかもしれません。自分の食事が終わってから家族の全員が終わるまで、何もせずに待っているのは大人でも難しいことです。「自分の食事が終わったら片付けをして良い」とか「〇〇をして

表11

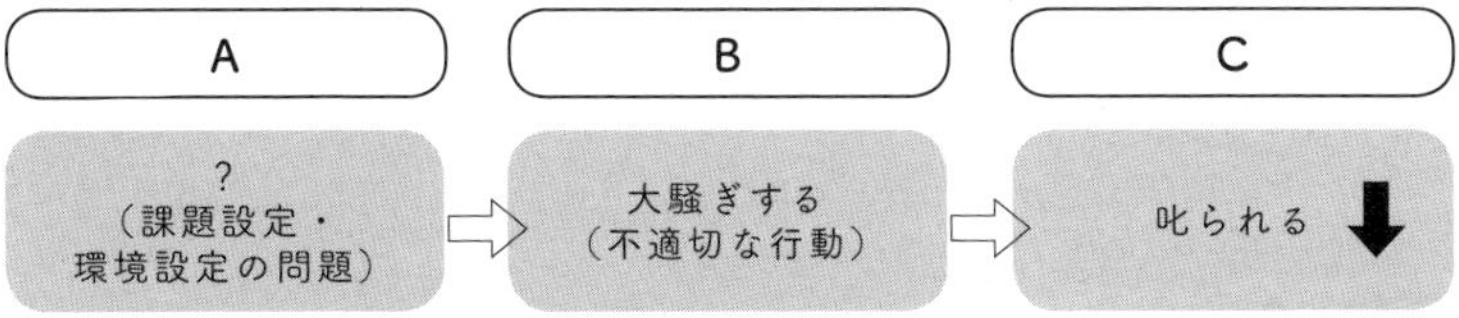

表12

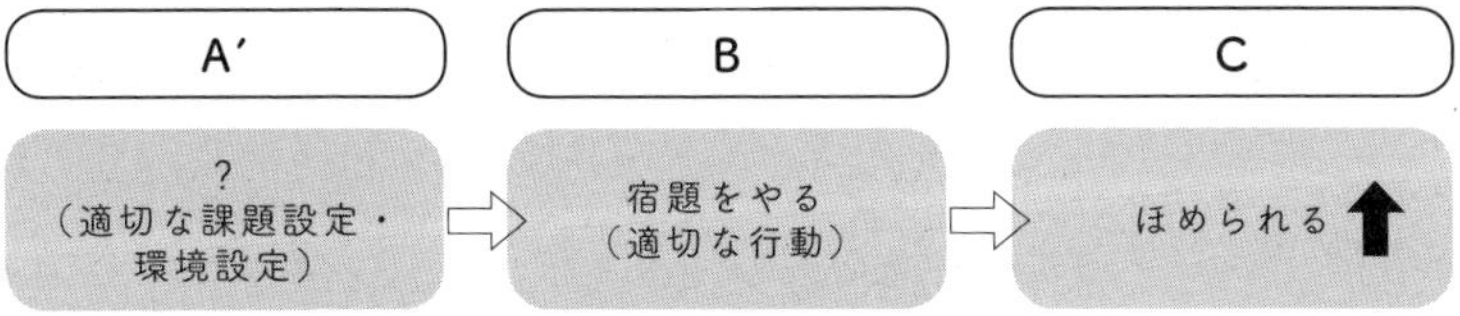

待っていて良い」というように、課題設定を変えてみてはどうでしょうか。

対象の子どもの発達年齢も気になるところです。その子どもにとって難しすぎることを強いてしまうと、叱らなければならない状況がどうしてもできてしまいます。

一方、環境設定とは、物理的環境、時間的環境、ワークシステムなどを指します。このことはP211〜の「+α」で再びふれますが、TEACCHプログラム（※）を参考にしています。

他の子どもが大騒ぎをしているような環境で、ひとりだけ静かに宿題をさせようというのは無理なことです。ストレスのある環境下では、「大騒ぎをする」「弟をいじめる」「立ち歩く」などの行動が起きやすくなります。「宿題をやりなさい」と言いつつ、テレビはつけっぱなし、親はスマホでゲームをしている……。これでは無理に決まっています。宿題をやりたくてもする場所がない、などという場合もあり得ます。そういう意味で、子どもがやるべきことをやる環境が整っているかどうかに注意を払わなければなりません。

叱られたい子どもなんていない

私たちが子どもだったとき（大人になってからも）、誰かから叱られたいなんて思わなかったはずで、むしろほめられたかったですよね？　親や先生には認めてもらいたかったですし、大人を喜ばせたいと思っていたものです。

ですから、前提として「叱られたい子どもなんていない」ことを確認したいと思い

※TEACCH《ティーチ》プログラム
ASD（自閉スペクトラム症）の人たちのための支援プログラム。アメリカ・ノースカロライナ州で採用され、日本にも紹介されている。

ます。それなのに「叱る」状況ができてしまうのは、なぜでしょうか。

答えは簡単です。課題設定や環境設定が不十分であるにもかかわらず、その子どもにできないことを期待したり指示したりしてしまっているからです。

これをABC分析で考えるとはっきりします。行動（B）に「不適切な行動」＝「叱らなければならない行動」が入ったとき、先行条件（A）には、「課題設定が不十分」「環境設定が不十分」が入ります。

つまり、対象となる子どもが適切な行動ができるように、大人の側が課題や環境の整理をしておかなかったことが原因です。その責任は大人の側にあると考えるべきなのです。叱らなければならないと思った時点で、大人の側の負け。大人が十分に責任を果たしていないと考えるべきでしょう。

真実 2

結局、「叱る」は大人の負け

Point

□ ABC 分析は行動分析学で使われる基本的な考え方で、
行動を「その前に起こること（先行条件・先行刺激）→
後ろに起こること（結果・後続刺激）」の流れで考える。

□叱ってもその行動が減らないとしたら、
「叱る」に効果がないこと、「叱る」が本当の「叱る」になっていないことに
気づかなければならない。

□厳しく叱る人の前では子どもは従順になるが、
その人がいないという条件では問題を起こすようだと意味がない（弁別の法則）。
しかし厳しく叱る人にとっては、「自分が叱れば子どもが言うことを聞く」という
ことになるので、叱る行動がやめられなくなる。

□子どもは叱られることも嫌だが、叱る人や、その人のまわりのことも
嫌になってしまう。これを「派生の法則」と言う。

□叱る行動は、子どもに反発する気持ちを持たせてしまう（反発の法則）。
また「叱る行動」が子どものモデルになり、子どもが真似して、
友達をいじめる場合がある。

□「叱られて良かった」という話を聞くのは、
「生存バイアス」の結果である可能性がある。
叱られたことによって傷ついた人は沈黙してしまうので、
結果として生き残った人の言い分が通ることになる。

□子どもはみんなほめられたいと思っている。それなのに叱られてしまうのは、
大人の側が課題設定や環境設定を子どもに合わせて行っていないから。

真実 3

ほめるのはタダだが、技術が必要

教育・子育てを定義する

「子育て、教育とは何ですか？」と尋ねられたら、あなたは何と答えるでしょうか。いろいろな考え方がありますが、科学的に考えてみると回答はとてもシンプルになります。

それはズバリ、不適切な行動を減らし、適切な行動を増やすことです。この考え方で大切なのは、「心」を扱わないということです。

子育てや教育というと、「子どもの心を豊かにしたい」とか「思いやりのある子どもにしたい」などという話が出てきます。こうしたことは当然ですし同感なのですが、「豊かな心」や「思いやり」は、はっきり見えません。

なぜ見えないのが問題かというと、見えない限りそのことが達成されたかどうか、つまり教育や子育ての成果が出ているのかどうか、誰も確認することができないからです。確認できなければ、あいまいになります。先生や親がどれだけ努力しても、子どもが良い方向に行っているのかどうかまったくわかりません。

実際に私たちは、豊かな心や思いやりをそのまま評価していないはずです。心や思いは目に見えませんから、結局のところ子どもの行動（言葉も含む）を見て評価しているんですね。つまり「美しい景色に感動したことを言葉にした」「困っている人がいたときすぐに助けた」などの行動を見聞きして、その結果「あの子には豊かな心が育っている」とか「あの子には思いやりがある」と考えます。だから、子育てや教育のターゲットは、〝子どもの行動〟なのです。良くない行動が減って、良い行動が増えれば良いのです。

勉強もそうです。今まで「わからなくて答えられなかった」行動を、「すぐに正しい行動を導き出した」という行動に変えなければなりません。頭の中に格納されている知識を、問題に答えるという行動の形で表現させ、それを評価するのがテストです。

よって、大人が子どもに対して行っている子育てや教育は、単純に「不適切な行動を減らし、適切な行動を増やすこと」だと定義することができるのです。

「増やす」と「減らす」の関係

第2章で、「叱る」ことは副作用が大きいので勧められないという話をしました。では、ここで子どもの「不適切な行動」を減らすことを目的にした、「叱る」以外の方法について考えていきたいと思います。

第2章の例を引き続き使っていくことにしましょう。子どもの不適切な行動（減らしたい行動）として、「大騒ぎする」「弟をいじめる」「食事中に立ち歩きをする」などがあったとします。第2章では、この行動（B）に対して、先行条件（A）を観察し、課題設定や環境設定を見直すことにより、「叱る」必要のある行動が起きなくなるようにすべきと結論づけましたが、ここではさらに積極的な方法を考えます。

まず、不適切な行動にとって代わる行動を考えます。つまり「大騒ぎする」に対しての「静かに活動する」、「弟をいじめる」に対しての「弟と仲良く遊ぶ」、「食事中に立ち歩きをする」に対しての「座って食事をする」のように相反する行動です（相反するので、当然この2つの行動を一度にすることはできません）。

これを不適切な行動（B）に対する代替行動（B´）としましょう（図1）。それで、このBとB´について、対象の子どもを観察してみるわけです。

どの子も、一日じゅうずっと不適切な行動をしているわけではなく、適切な行動をすることもあります。たとえば、いくら「弟をいじめる」子どもでも、ごくたまに（たとえ数分でも）弟と仲良くしている瞬間があるはずです。

そこで、BとB´が相反する行動であることに目をつけます。Bを減らしたければ、B´を増やせばいいんじゃないの?ということです。同じ子どもの相反する行動ですから当たり前ですが、B´が増えれば結果としてBは減ります。Bを減らそうと叱るよりもB´を増やすような働きかけをしてみよう、つまりB´をほめようということです。

じつはこうした手法はとても一般的で、言われなくてもやっている人がほとんどです。実際、「弟をいじめる」子どもに対して、仲良くしているときはほめるようにしている、と答える人は多いものです。同様に「静かに活動している」「座って食事をする」こともほめてますよ、という人もたくさんいるでしょう。

でも、それが本当に効果的なのか、もう一度確認してみてください。

図1●

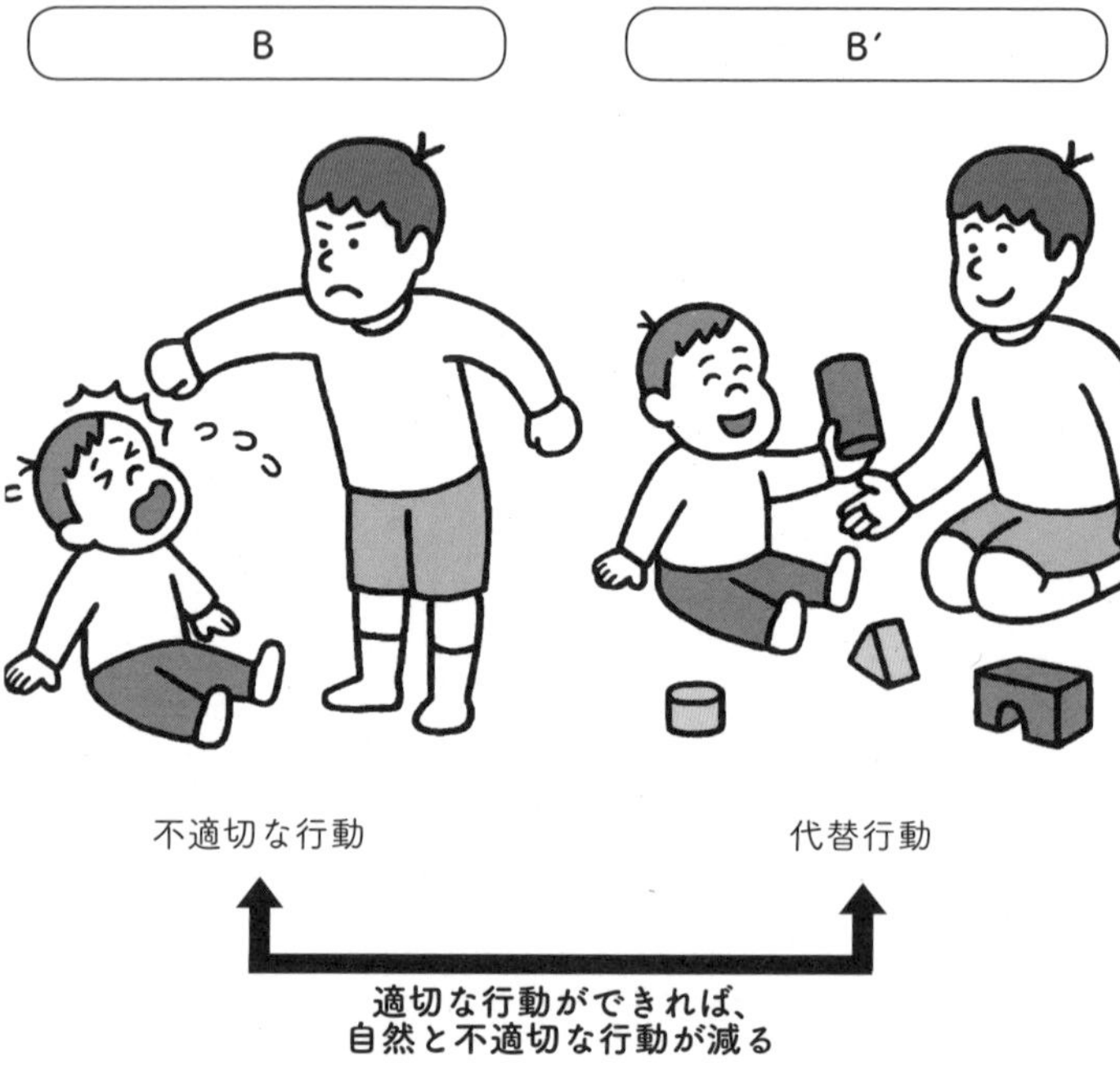
B
B′
不適切な行動
代替行動
適切な行動ができれば、
自然と不適切な行動が減る

「ほめる」が本当に「ほめる」になっているか

多くの親や先生が、不適切な行動（B）を叱り（C）、適切な行動（B′）をほめる（C′）ようにしていると思います。ある行動（B）に対して、良くない結果（C）が起これば、その行動は減るはずです（表13）。そして良い結果（C′）が起これば、その前にある行動（B′）は増えるはずです。

でも、それがなかなかうまくいかないというのが現状でしょう。「叱る」行動（C）に副作用が多いことは、第2章で指摘した通りです。さらにここで注意したいのが、「叱る」が本当に「叱る」ことになっているのか、「ほめる」が本当に「ほめる」ことになっているのかという問題です。「え？ 何を言っているの？」という声が聞こえてきそうですが、そこを我慢してもう少し話を聞いてください。

行動分析学では、ある行動を増やすことを「強化する」と言い、その行動を増やすために直後に与えるものを「好子《こうし》」と呼びます。つまりいわゆる「ほめる」が好子としての機能を持っているのか、考えていきたいと思います。あなたがもしほめたつもりでも、その前の行動が増えていなかったり逆に減ったりしていたら、その「ほめる」は本当の意味での好子として機能していません。

例を挙げましょう。子どもがお手伝いをしてくれたとします。親であるあなたは何をしますか？ 「ありがとう。えらかったね！」と言葉でほめたとします。またとてもすばらしいお手伝いだったので、さらに頭をなでたとしましょう。子どもは喜びますよね。たぶん、次も同じようなお手伝いを進んでしてくれるようになるでしょう。この場合、言葉での賞賛と頭をなでる行為は、前の行動（お手伝い）を強化したと言え

表13

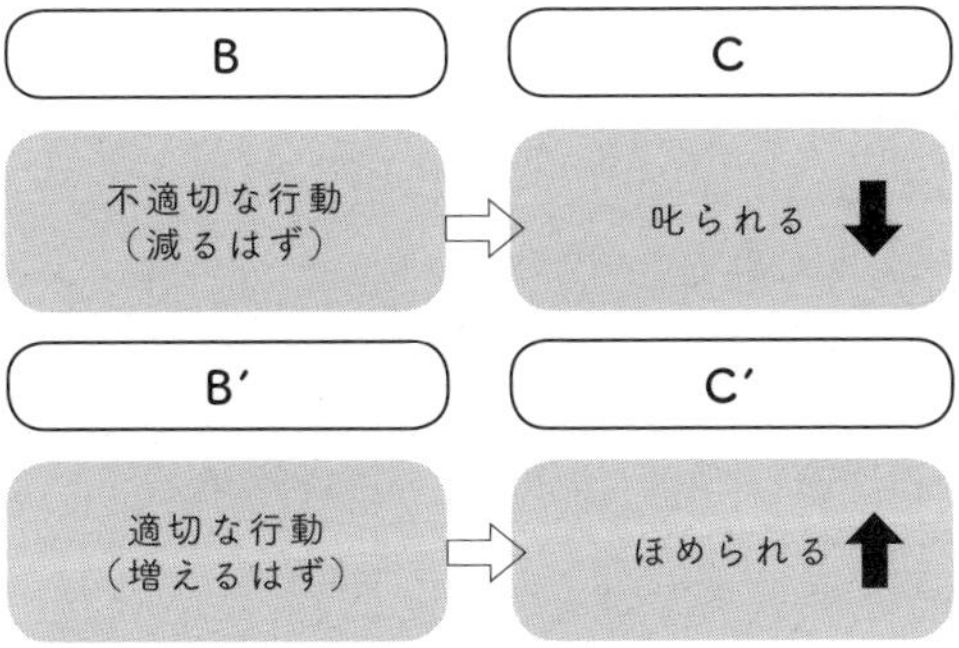

ます。つまり「ほめる」ことが好子として機能しているのです。

ですが、この子どもが大きくなって高校生になったとしましょう。同じ好子でうまくいくと思いますか？　高校生にとって、「ありがとう。えらかったね！」という言葉や頭をなでることは、「ほめる（好子）」としての役割を果たさない可能性があります（それで喜んでくれる子もいるかもしれませんが）。

また、いつもいつも同じように「ありがとう。えらかったね！」と声をかけ、頭をなでていたらどうでしょう。ほめ言葉もごほうびもインフレーションを起こします。「この大人は何をしてもすぐにほめてくれるんだ、頭をなでてくれるんだ」となり、「ほめる」も「ごほうび」もその価値がなくなってしまうことでしょう。

逆に叱っているつもりが、「ほめる（好子）」として機能する場合があります。この例を挙げるのは簡単です。

ある子どもが太った大人に向かって、「デブ」と言ったとします。もちろん大人は「こら！」と叱ります。この「こら！」という言葉は、「叱る」、つまりその前の行動（ここでは「デブ」と言うこと）を減らすこと（弱化）を目的としています。しかし、子どもは「こら！」と言われることに喜んでしまう可能性があるし、実際そういう例がたくさんあります。

あの大人は「デブ」と言うと、「こら！」と言いながら追いかけてくるからおもしろいぞ！というわけです。当然、子どもは前よりもさらに「デブ」と言うようになります。追いかけてきてくれると期待しているのです。この場合「こら！」という叱責は、結果的に好子として機能していると言わざるを得ません。

多くの大人が「叱ること」と「ほめること」をしていますが、それが果たして本当に嫌子や好子として機能しているか、改めて考えてみるべきでしょう。

これはある意味とても逆説的なのですが、子どものターゲットになる行動を増やすことができなければ、ほめたとは言えません。大人がほめた気になっていようがいまいが、そんなことは関係ないわけです。

「ほめる」の技術

「ほめる」のは、その前の行動（B）を増やすことができて初めて好子の役割を果たしたと言えます。では、効果的にほめるにはどうすれば良いのでしょうか。

効果的な「ほめる」はすでに研究されていて、即時性・明示性・具体性・多様性の4つが重要だと言われています。それぞれについて簡単に説明していきましょう。

【即時性】対象となる行動のすぐ後にほめる

これはわかりやすいですよね。いくら「ほめる」ことをしても、昨日のことや一週間前のことだとピンときません。その行動のすぐ後にほめることが重要です。即時強化（すぐにほめること）の効果はとても高いことがわかっています。

【明示性】「ほめる」ことをしていると、相手に明確に伝える

ほめる方法にもいろいろありますが、それが相手に伝わらなければいけませんよね。「ほめるときにすごいねと言う」ことを選択したとします。そしてその大人は、子ども

いつもと違う方法でほめるのは、
かなり効果的です

に対して「すごいね」と言うのですが、それを子どもが聞いていなかったら意味がありません。たとえ聞いていたとしても、その大人の言い方がぶっきらぼうだったらほめているように伝わらないかもしれません。そこを注意すべきだということです。

【具体性】良い行動の内容を具体的にほめる

「弟と仲良く遊んでいる」ところをほめたとしても、ほめ方があいまいだと「ただ遊んでいること」が良かったのか、「弟と一緒にいること」が良かったのか、「遊んでいる内容が良かった」のかわかりません。「弟と仲良くしていること」を評価していると明確に伝えなければ、こちらの意図通りの効果が得られないのです。

【多様性】いつも同じではなくて、さまざまなやり方でほめる

いつも「ごほうびシール」をあげる、いつも「すごいね」と言う……。このようにほめ方が同じだと、だんだんインフレーションを起こしてしまいます。シール以外にも、みんなの前でほめられたり（名誉）、いつもとは違う人（お父さんや校長先生など）からほめられたりするなど、バリエーションがあったほうが良いでしょう。

子どもたちはコンピューターゲームに夢中になることが多いものですが、人気のあるゲームには必ずこうした「ほめる」仕組みが備わっています。しかも即時性・明示性・具体性・多様性のすべてがそろっていて、それもかなり強烈な刺激を伴います。

何か好ましい具体的操作（具体性）を行うと、即座に（即時性）、多様な刺激（多様性・明示性）が与えられます。音楽が鳴る、コインがもらえる、新たな武器が増える、隠しキャラが出るなど、それはもう多種多彩。子どもどころか大人も夢中になるような仕組みであふれています。

今の子どもたちは、こうした好子にさらされているわけですから、親も先生ももっと工夫して「ほめる」ことをしていかないと、子どもたちの意欲は高まらないかもしれません。

「ほめる」を機能分析で考える

「ほめる」には技術が必要であることを説明しましたが、ここでは多様性について考えてみたいと思います。あなたが子どもをほめるとき、どのような方法をとっていますか？　できる限り書き出してみてください。

「すごいね」と言う。お菓子をあげる。お小遣いをあげる。どこかに連れて行ってあげる。次の休みに特別なイベントをする——。

いろいろとあるでしょうが、それが本当に「ほめる」になっているかどうかを検討してくれていたら、すばらしいと思います。大人の側が「ほめる」ことをした気になっていても、それが好子になっていなかったら意味はありませんから。

また、逆にこちらが意図していないのにもかかわらず、子どもの特定の行動を増やしていることがあったとしたら、それが好子になっていると言えるでしょう。それが何か、思い浮かびますか？

こうしたことは、子どもの行動をよく観察してみないとわからないので、ここは別の方向から考えるために、行動分析学で使う「機能分析」を紹介したいと思います。

機能分析とは、行動の目的や役割（機能）が何であるかを明らかにしようという考えです。これまで「ほめる（強化）」「叱る（弱化）」と親や教師側の行動について考えてきたのですが、今度は違います。ターゲットになる子どもの行動がどんな役割（機能）を持っていたのかを分析するのです。

行動観察や記録が必要になるのですが、興味深いのは行動の動機づけ（機能）を以下の4つで整理することです。つまり子どもの不適切な行動が続くのは、その行動が以下の4つのうちのひとつ（もしくは複数）の機能を果たしているからと考えられます。

【注意喚起機能】その行動により（親、教師などの）注目を得ることができる

【要求機能】その行動により、物（お金、おやつ、おもちゃなど）や特権（特別扱いなど）を得ることができる

【逃避機能】その行動により、嫌なこと（勉強、我慢すること、嫌な人との時間など）を避けることができる

【感覚刺激機能】その行動により、感覚的に快な刺激（リズミカルな皮膚刺激、チラチラとした光など）を得ることができる

幼児がわざと泣くことによって親の注目を得ていれば、「泣く」という行動には注意喚起機能があることになります。同じく泣くことによっておやつをもらえるのであれば要求機能、泣くことにより食べたくないものを食べなくてよくなったり、いたくない場所から外に出してもらえたりすれば、逃避機能を持っていることになります。

感覚刺激機能はちょっと難しくて、泣くという行動そのものによって、感覚的にすっきりするみたいなものです。貧乏ゆすりとか、ペン回しなどには、感覚刺激機能があると言っていいと思います。

元の話に戻りますが、行動がこの4つの機能により動機づけられる（その行動が起こりやすくなる）とするならば、この機能に沿って「ほめる」ことができると考えられます。

適切な行動をしたときにごほうびとして感覚刺激を与える、というのは、じつは「ほめる」こととして「抱っこをする」とか「おいしいお菓子をあげる」ことであると考えられます。同じように、注目を与えること（先生や親が近寄る、やっていることを見るなど）、本人が欲しいと思う物や特権を与えること（ごほうびシールをあげる、一番におやつを与えるなど）、本人が嫌なことを避けられるようにすること（お手伝いをやらなくていい権利を1回与える、あまり行きたがらない塾を休んでも良いなど）は、すべてその前の行動を増やすことにつながります。

ここまで子どもの行動として書いてきましたが、大人も4つの機能を持つ行動をしてしまうことが多いと思います。私たちだって、人（とくに自分にとって重要な人や好きな人）に注目してもらいたいですし、欲しい物や特権が得られることはやはりうれしいものです。避けたいことはたくさんありますし、感覚刺激に弱い側面を持っているのも同じです。ちなみに「ビールを飲む」「お風呂に入る」「音楽を聴く」なども ある意味感覚刺激だと言えるでしょう。

「ほめる」の基本は「注目」

ここで、自分の子ども時代を思い出してください。親や先生からの注目、物や特権の要求、嫌なことからの逃避、感覚刺激のどれが最も自分にとって強い動機づけになったでしょうか。どれも魅力的だと思いますが、あえてひとつ選ぶとしたらどうでしょう。

私の予想では、親や先生からの注目、つまり注意喚起機能が最も強い動機づけになっていた人が多いのではないかと思います。私自身の経験からもそう言えますが、要求機能も逃避機能も、大人の注意を引くことが前提で得られることが多いからです。

教室で授業を受けていたとき、どうだったか思い出してください。先生が近づいてきてうれしかった経験はありませんか？　先生がちょっとノートを見て、丸をつけてくれたりコメントをしてくれたりすると、気分が良かったのではないでしょうか。

家庭ではどうでしょう。お母さんと一緒に買い物に行くこと、ちょっと声をかけてくれること、一緒に遊んでくれること、どれもすばらしくうれしい思い出になっているはずです。

子どもは弱者です。だからなのかもしれませんが、大人が自分にどれだけ関心を向けているのかをいつも気にしています。自分より弟や妹が親にかわいがられているのはおもしろくありません。同級生の友達ばかりが先生にほめられているのにも嫉妬することがあるでしょう。そこで大人の注意を引くために、子どもたちはさまざまな方法をとります。意識的な場合もあるでしょうが、無意識の場合も多いです。わざと悪いことをして親に叱ってもらう、なんてこともよく見られます。

これもＡＢＣ分析で考えるならば、行動（Ｂ）に「悪いことをする」が入り、その結果（Ｃ）に「叱られる⬇」ではなく、「親の注目を浴びる⬆」が入ります（表14）。第2章で説明した「叱る」が本来の「叱る（嫌子）」になっていない典型例です。

思春期の子どもでさえ、同じようなことをします。たとえば行動（Ｂ）に「遅刻する」が入り、結果（Ｃ）に「叱られる⬇」ではなく、「先生と個別に話ができる⬆」が入ってしまう場合、この「遅刻する」という行動は増える危険性が出てしまいます。これらはすべて注意喚起行動と言えるでしょう。

こうした例はたくさんあって、不適切な行動（Ｂ）の多くが大人の注目を得るという結果（Ｃ）につながることで、その行動（Ｂ）が起きやすくなると言われています。

ちなみに、子どもにとって大人の注目は毎回得られなくてもかまわないものです。こういうことを「部分強化（ときどきしか強化されない、良いことが起こらない）」と言い、ギャンブルなどがその典型例です。ギャンブルはいつも勝てるわけではありませんが、たまに得られる報酬（Ｃ）が大きいためにやめられなくなるのです。

同じように、ある子どもが大騒ぎしたとき、いつも大人の注意を引くことができなくてもいいのです。ときどきでも大人がしっかりとかかわってくれることがわかると、その行動は増えるか、少なくとも減らなくなってしまいます。

さて、これまでつい「不適切な行動」の話をしてしまったのですが、本来の目的は子どもの「適切な行動」を増やすことです。では「適切な行動」に注目することについて、さらに考えてみましょう。

表14

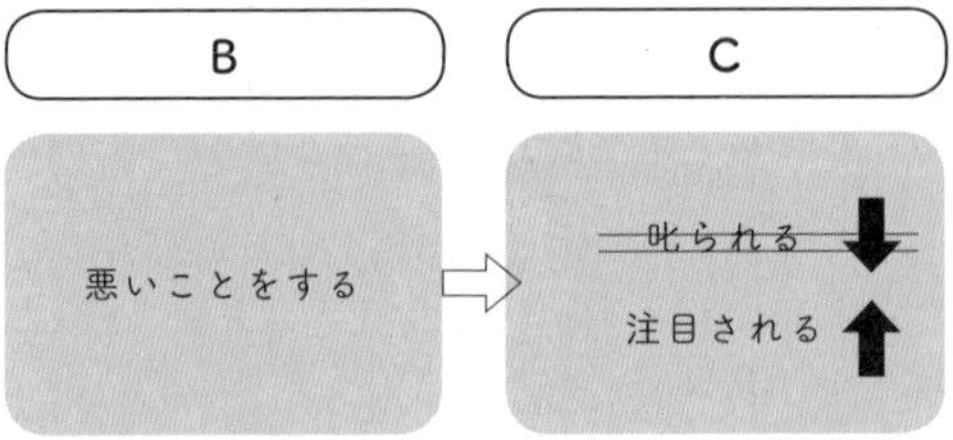

「適切な行動」は見守ってはいけない

私たちの目的は、子どもの「不適切な行動」を減らし、「適切な行動」を増やすことです。そう考えたとき、「不適切な行動」を叱るのは、あまり意味がないことだという話をしました。「叱る」ことには副作用がある上に、「教える」が入っていません。ただ単に子どもの行動を止めるだけで、何が適切な行動で、どうすれば良いのかを明確に示していないのです。とくに「厳しく叱る」だけを行うと、子どもは叱る人が来たとたん固まるようになってしまいます。

そこで、「ほめる」ことを考えます。「適切な行動」について注目していくということなのですが、これがなかなか難しいのです。例を挙げてみましょう。

ある子どもが学校から帰ってきてから、宿題も何もせずにコンピューターゲームばかりしているとします。つまり「コンピューターゲームをする」が不適切な行動（B）です。それに対し、「宿題をする」が適切な行動（B′）となります。

こうしたとき、私たちは、つい「ゲームをする」行動（B）に対し「叱る」（C）ことをしてしまいがちですが、そうではなくて「宿題をする」行動（B′）に対して「ほめる（とくに注目する）」（C′）をしていこうと考えます。それが現実としてできるでしょうか（表15・16）。

まず学校から帰ってきてすぐに「ゲームをする」のを、叱らずにいるのはなかなか難しいものです。やはり「ゲームをする」はやめさせたいし、すぐに宿題に取りかからせたいですからね。

では別のある日、珍しいことにその子は学校から帰ってきてすぐに宿題をしたとし

表15

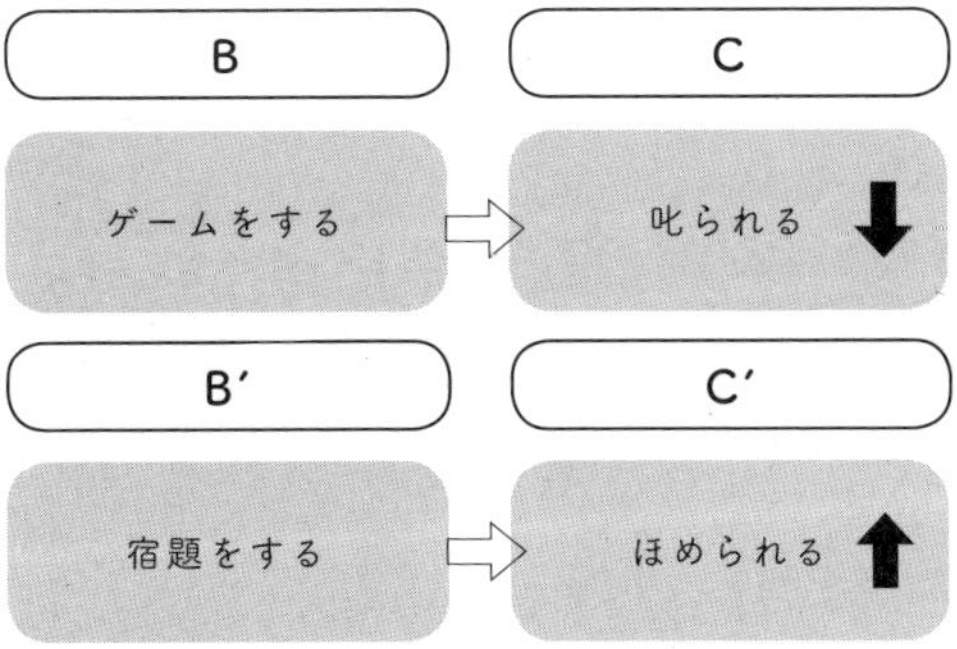

表16

ます。そのとき、あなたはどういう行動をとるでしょうか？　もちろんすぐに「ほめる」人もいるでしょうが、多くの人が次のように考えると思われます。

せっかく宿題に取りかかったんだ。勉強の邪魔をしてはいけないな。ここは静かに見守ろう――。

さらに別の例を挙げましょう。ある子どもが弟をいじめてばかりいるとします。つまり「弟をいじめる」が不適切な行動（B）で、「弟と仲良く遊ぶ」が適切な行動（B′）です。この場合も、やっぱり「弟をいじめる」行動（B）はすぐにやめさせたいため、叱らずにいることはなかなか難しいです。逆に「弟と仲良く遊ぶ」行動（B′）をしているときは、次のように考える人が多いと思います。

せっかく兄弟仲良く遊んでいるんだから、ここは邪魔をしてはいけないな。静かに見守ろう――。

どちらも気持ちはよくわかります。でも科学的に考えるならば、「不適切な行動（B）」に対して「叱る（C）」行動をすることは、親が注目を与えるという意味で「ほめる（好子）」機能を持ってしまい、その前の行動を増やすことにつながります。

逆に「適切な行動（B′）」に「見守る（C′）」行動をすることは、子どもからしてみると注目されないこと、無視されることを意味します。そうなると「注目されない」という意味で「叱る（嫌子）」の機能を持ってしまい、その前の行動を減らす可能性があるのです（表17）。

こういう話をすると、「学校から帰ってきてすぐに宿題をするのも弟と仲良く遊ぶのも、当たり前の行動。そんなことをいちいちほめている場合ではない」とか、「そんなことでほめていると、いつもほめなければやらない子どもになってしまう」などと反

表17

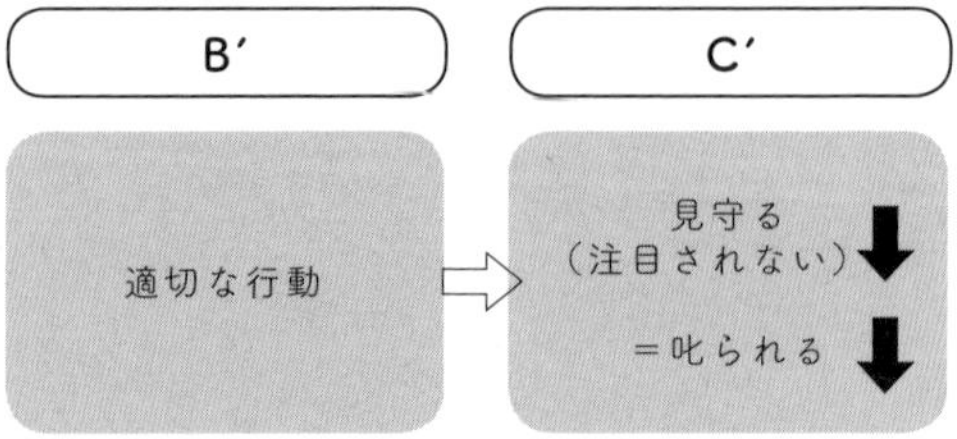

論する人が出てきますが、そんな心配はありません。

まずここでの「ほめる」は、「すごいね！」と言ったりごほうびをあげたりすることを意味しません。確かに宿題をしたり弟と仲良くしているのを確認するたびに、「がんばってるね！」「いい子だね！」などと声をかけ、おやつやお小遣いをあげたりするのは変です。そういう意味での「ほめる」は必要ありません。

では何をすれば良いのかというと、「即時の注目」です。極端な話、そうやって普通のことをしている子どもに近寄るだけでもかまいません。近寄ってニコッと笑うだけで、相当の効果があります。子どものやっていることをそのまま言葉にするのもおすすめです。「学校から帰ってきてすぐに宿題してるんだ」「弟と仲良く遊んでいるんだね」という感じです。

こうした「注目」の良いところは、親や教師がその方法や量、タイミングを自由に変化させられることです。その行動がまだ十分にできていないときは、即時性・明示性・具体性・多様性に注意し、なるべく多く注目します。

その行動が多くなってきたら、注目の頻度を減らしていきましょう。ギャンブルの例ではないですが、ときどきしっかりとほめることが重要になります。そうすると、「いつもほめなければならない子ども」になることはありません。

「ほめる」は即座に行う

だいたい世の親御さんたちや先生たちは、叱るときにすごい量のエネルギーを使います。子どもたちを叱るときの言葉の強さや表情は、なかなかのものです。ところがほめるときはどうでしょう。叱るときに比べて、あっさりとしていないでしょうか。

それから「叱る」は、その行動が起こったらすぐさまやるのに対し、「ほめる」は前述した通り、その場は「見守る」ことをして、後からやることが多いようです。繰り返しますが、即時性はかなり重要なテクニックです。それを踏まえた上で、これまでのことをまとめると私たちがとるべき行動は以下のようになります。

「不適切な行動（B）」を減らすために

●「不適切な行動（B）」が起こるときの条件（A）を変化させる。多くの場合、やるべきことの難しさやわかりにくさがあるので、本人の発達に合った内容にする

●「不適切な行動（B）」の後に「叱る（C）」必要がある場合は淡々と静かに注意し、すべき行動とその理由を具体的に伝える（ただし子どもの発達段階に合わせること）

●将来のことを考えて、「不適切な行動（B）」を減らすことよりも、それに代わる「適切な行動（B´）」を増やすことを主に考える

「適切な行動（B´）」を増やすために

●「適切な行動（B´）」とは、やらせたいこと、できるようにさせたいこと。子どもの発達段階から考えて、できそうなことを確かめる（難しすぎることはできないので）

●その「適切な行動（B´）」をしたとき、即時性・明示性・具体性・多様性に注意して注目する

●その「適切な行動（B´）」が十分に増えてきたら注目の頻度を減らすが、時として

しっかりほめるようにする

最後に、多くの大人がどうしても子どもをガミガミと叱ってしまう理由について説明しておきましょう。

私たちは、即時強化（すぐに結果が出ること）に魅力を感じる傾向にあります。つまりゆっくりと結果が現れることを待つより、すぐに結果が出ることにがんばりたいし夢中になる傾向があるわけです。

ところが、「ほめる」の結果はすぐに出ず、ゆっくりとした行動変化として現れます。一方、「叱る」の結果はあっという間に出てきます。とくに厳しく叱れば叱るほど、子どもは一瞬にして大人の言うとおりになります。ですから、知識がないとどうしても大人は叱る人になるのです。

ですが、忘れないでください。「叱る」の効果はすぐに出ますが、すぐに消えてしまいます。むしろ副作用が多いです。一方、「ほめる」の効果はゆっくりと現れますが、行動変化としてしっかりと定着していきます。つまり本当の教育、子育ての成功に結びつくのです。

真実 3

ほめるのはタダだが、技術が必要

Point

□不適切な行動を減らしたいときは、それに代わる適切な行動を増やせば良い。

□子どもの行動を増やすことができなければ、「ほめている」とは言えない。
逆に叱ったつもりでも、その直前の子どもの行動が増えていれば
ほめたことになっている。大人がほめたつもり／叱ったつもりだったとしても、
それがその通りになっているかどうかは、
子どもの行動の変化を観察しないとわからない。

□効果的にほめるには、「即時性・明示性・具体性・多様性」の４つが重要。

□「大人の注目」は、ほめることとして機能しやすい。

□子どもの適切な行動を見守る大人は多いが、これは子どもにとって
「注目されていない」ことになり、その行動を減らしてしまうかもしれない。
「見守る」よりも、注目していくことが大切。

□厳しく叱ると子どもはすぐに言うことを聞くので、大人としてはやりたくなるが、
その効果はすぐに消える上に副作用が大きい。
一方、ほめる効果はゆっくりと現れ、時として見えにくいが、
教育の効果としてしっかりと定着する。

□よって、ほめることこそ教育・子育ての成功に結びつく。

真実 4

「学校は社会の縮図」ではない

「学校は社会の縮図」なのか？

みなさんは子どものころ、「学校で満足にやれないようなら、社会に出てもうまくいくはずがない」と言われたことはありませんか？　社会は厳しい。学校で成功できない者は、社会でもうまくいかない。だから学校でしっかりと勉強しなさい——という理屈です。

昭和の時代に育った人はもちろん、もしかしたら今の子どもたちも、先生や親から似たようなことを言われた経験があるかもしれません。でも、それは本当なのでしょうか。

教師の言葉の影響力はとても強いので、学校で叱られたことをずっと覚えている人も多いはずです。もし、学校の先生がよく言う「学校は社会の縮図だ」という理屈が間違っていたとしたら大変です。早く訂正しておく必要があります。

子ども時代の〝傷つき体験〟が与える影響の大きさは、すでにたくさんの研究で証明されていて、精神的な問題だけでなく社会への不適応や身体疾患のリスクを高めることもわかっています。もともと学校は、子どもたちの将来を明るくするためのもの。先生たちだって、子どもたちの成功を願っているはずです。それが逆方向への努力とならないように、今一度考えてみる必要がありそうです。

学校教育を考えることの難しさ

私たち大人は、すべて学校教育の経験者です。先生たちもそうです。このように「全員が経験者であること」が、学校教育を客観的に考えることを難しくしているのだと、まず気づいてほしいと思います。驚く人も多いかもしれませんが、とても大切な事実です。例を挙げて説明しましょう。

わが子が学校での経験を家で話したとしましょう。宿題を忘れて行ったら学校で叱られた、罰として正座させられた、というような話です。このことを受けて、親であるあなたはどのように反応するでしょうか。

ある人は、「正座だなんて体罰だ。学校にクレームを言うべきだ」と考えるかもしれません。別の人は「自分が子どものころは、正座なんて当たり前だった。そうやって叱られても問題ない。きちんと指導してもらってむしろありがたい」と思うかもしれません。そのほか、宿題そのものを問題視する人もいれば、正座どころか「宿題を忘れたことで叱るなんて」と先生の「叱ることそのもの」が問題だとする人もいるでしょう。逆に「宿題が少なすぎる」とか「もっと厳しくすべきだ」という話も出てきます(※)。

学校教育についてはこのようにさまざまな意見があるのですが、これは「それぞれが経験者であるからこそ」だと言えるのではないでしょうか。つまり、それぞれの意見が、それぞれの体験に裏づけられているのです。

罰として正座をさせることが問題ないと思う人は、自分が子どものころにそうした体験をした(そしてそれが当然だと思っていた)のでしょうし、それが絶対にダメだ

※児童・生徒に罰として正座をさせることは、肉体的苦痛を与えることから「体罰である」と言える。文部科学省は、このことを学校教育法第十一条に規定する体罰であるとしている。ここではひとつの例として挙げたが、罰としての正座を肯定しているわけではない。

という人は、正座をさせられたことでとても嫌な思い（みんなの前で恥をかかされた、プライドを傷つけられたなど）をしたのかもしれません。

誰もが経験者ではありますが、それぞれの経験はまったく異なっています。そのため、それぞれが自らの経験に基づいているにもかかわらず、意見が大きく違ってしまうのです。各々の経験がある程度似ているのであれば問題ないのですが、時代も立場も違うとなかなかそうはいきません。その結果、学校教育に関する議論は、それぞれが言いたいことを言い合って自分の意見を変えることが難しくなります。つまり、話し合いが深まらない状況に陥ってしまいがちなのです。

生存バイアス、再び

第2章で説明した「生存バイアス」を思い出してください。生存バイアスとは、ある事象についてうまくいった人（生存者）の意見が偏って取り上げられることを言います。ここでは学校教育について考えてみましょう。

たとえば、教師とはどういう人の集まりでしょうか。何か特別な事情がない限り、子どものときから「学校の先生になりたい」と思っていた人が多いのではないでしょうか。その上、大学に進学して教員免許取得に必要な単位を取るのが必須で、（公立の場合は）各都道府県の教員採用試験に合格しなければなりません。

つまり学校の先生は、小中学校、高等学校、大学を通して「学校教育の勝ち組」であり、知的能力が高いことが多く、しかも学校について良いイメージを持っている人がほとんどでしょう。

とくに「学校について良いイメージを持っている」というところが重要で、たとえ知的能力が高くても、学校に良いイメージが持てない人（先生に叱られて嫌だと思った、学校の集団行動が苦痛だったなど）は、わざわざ先生になんかなりません。つまり先生たちは「教師になった」という時点で、学校教育の生存者であると言えるのです。

では、教育委員会にかかわる人、文部科学省の役人、政治家でも教育に関心を持つ人たちはどうでしょうか。この人たちも、教師同様に学校教育の生存者である可能性が高いでしょう。

学校教育について論じ、学校教育のあり方について考えたり決定したりする人たち、そして学校現場で働く人たちのほとんどが学校教育の生存者です。その人たちが決めたことは、どうしても生存者の偏った意見になりがちだと思いませんか？　そこには、学校で嫌な経験をした人の意見は入りません。いわゆる不登校になったり、高校を中退したりした人の意見は反映されないでしょう。その結果、学校というものは前年踏襲が基本の、非常に保守的な状況になってしまいます。

生存者たちの判断は、当然ながら「今までのままで良い」となります。何しろ彼らは学校教育の生存者であり、そこに良いイメージを持っている人たちなのですから。その結果、「学校が社会の縮図」どころか、ずいぶん実社会とかけ離れた空間になっているようです。その実情は、『ちびまる子ちゃん』のアニメ（マンガ）をよく見てみると明らかになってきます。

昭和時代のアニメとマンガ

『ちびまる子ちゃん』では、原作者のさくらももこさんの少女時代が描かれていることは有名ですね。作品の時代設定は、1974〜1975年（昭和49〜50年）ごろだそうで、今から35年ほど前のことです。今50代の人が子どもだった時代ですね。

そのため、現代の子どもたちには理解しにくいところがあると思われます。当時のアイドル（山口百恵や西城秀樹など）が出てきますし、そのとき流行した遊びや社会現象も紹介されています。生活様式も今とはかなり異なっていて、インターネットや携帯電話はもちろんありませんし、本を買うのに通販サイトを使うこともありません。台所には昔ながらの給湯器があり、電子レンジはありません。テレビはブラウン管で、電話は黒電話、ちゃぶ台があって、畳にふとんを敷いて就寝します。子どもの遊びの中にテレビゲームは存在せず、子どもがブランドものを身につけることはなく、塾に行く子も少数です。

しかし、学校での様子は今とそう変わらないと思いませんか？　学校でのシーンを思い出してみてください。教室の様子、机と椅子の形、掃除の時間、給食の時間、授業風景などなど、どれをとっても今の学校の風景と大差ないはずです。

授業では今でも黒板とチョークが使われます。子どもたちはえんぴつとノートで勉強しますし、掃除では三角巾をしてほうきとぞうきんを使います。音楽の時間にはリコーダーを吹き、体育では逆上がり、跳び箱、なわとびをやっています。

念のために言いますが、変わらないことがすべて悪いと言っているわけではありません。教科には、時代を超えて共通の内容を教えるべきことがあります。しかし変わったほうがいいことまで変わらないでいることがあったとしたら、問題でしょう。
なぜなら、(冒頭の話に戻るのですが)どうやら今の日本の学校教育は、今の社会の縮図とは言えない可能性が高いからなのです。

アメリカには椅子が選べる学校も

アメリカの学校を訪れると、日本の学校と大きく違うことに気づかされます。まずはクラスの人数です。日本の学校では、法律上1クラスの児童生徒数は最大40人と決められています。2019年の調査によると、小学校では1クラス26~34人、中学校では30~40人のところが半数を占めます。昔よりは減っていますが、まだまだ人数が多いと言えるでしょう。一方、アメリカでは1クラスの平均人数は15人と言われています。多くても25人ですので、まだまだ日本は不十分です。

ちなみに、「1クラスの人数はどのくらいが良いのか」をテーマにした研究はたくさんあります。対象の学年や研究方法、目的によってさまざまな結果が出ていますが、総じて次のようなことがわかっています。

●低学年ほど、クラスの人数が少ないほうが良く、長期的に影響がある
●最適なクラスの人数は、15~20人程度
●学年が上がるほど、クラスサイズ(人数)の影響は小さくなる

アメリカでは1クラスの人数が日本より少ないことはわかっていただけたと思いますが、それ以外にも違いはたくさんあります。もちろんアメリカの中でも、州や都市による差異が大きいので一概には言えないのですが、教室には黒板がないのが普通です。

今の主流は、ホワイトボードです。スクリーンの代わりにもなるので、プロジェクターを常備して映像を流したり写真を映すこともできます。さらには、コンピューターの画面を投影し、その画面がタッチパネルになるスマートボードが用意され、インターネットの情報や動画を授業で自由自在に使う試みがされているところもあります。ちなみに、黒板とチョークは前世紀の教育の象徴のように思われています。実際に「チョーク・アンド・トーク（黒板にチョークで文字を書きながら、一方的に先生が話す教育）」は古い、と考える先生が多いと聞きます。

もちろんICT（※）の導入はかなり進んでいて、授業でパソコン、インターネットを駆使するのは当たり前です。逆に、学校ではわざとコンピューターを使わないというところもあります。

それから教室環境にも違いがあります。ボストン郊外のある中学校では、子どもたちが座っている椅子のタイプにバリエーションがありました。ソファのようにゆったりと座れる椅子、バーのカウンターにあるような高い椅子、バランスボールが椅子のようになったものなどいろいろで、子どもたちは自分の好きなタイプを選んで座ることができます。そこの担当者によると、座り心地の良い椅子を使えば、子どもたちが集中して授業を受けることができるそうです。

今の日本の学校では、授業中に席を離れたり姿勢を崩したりする子どもが問題にな

アメリカ・マサチューセッツ州ボストンの小学校（通常学級）の様子。黒板はなく、授業はホワイトボードとプロジェクターを使用。手前の子どもが座っているのは、バランスボール型の椅子。

※ICT
(Information and Communication Technology)
通信技術を活用したコミュニケーションを指す。

っていますが、もしかしたら椅子を変えるだけで、半分くらいの子どもの状況が良くなる可能性もあります。

なぜかはわかりませんが、日本の学校の椅子というものは、何十年も形が変わっていないように思います。すでに学校以外では見られないものになっていますし、決して座り心地が良いとは言えません。クッションをつけるとか、もう少し丸みを帯びた形にするとかできれば、それだけで子どもの授業態度が良くなるかもしれません。

社会の変化と学校

私たちの生活は、この30年で大きく変わりました。車は自動運転機能を装備しつつありますし、ほとんどの人がスマートフォンを持ち、意識しなくてもＡＩ（人工知能）を使っています。

働き方も変わりました。ネクタイを締めて電車に乗って出社する、というスタイルももちろんありますが、自宅で仕事をしてインターネット上で会議をするというテレワーク形式も珍しくありません。

多くの仕事が機械やロボット、そしてＡＩにとって代わられようとしています。そのため、工場での作業や事務室での書類整理や経理作業でも、同じことを繰り返し行うような仕事が減り、より高度な管理やコミュニケーションスキルを必要とする仕事が増えてきました。つまり、大人数ではなく少人数で行うこと、個人でやることが多くなってきたと思われます。

仕事で求められるスキルや知識も大きく変化しました。ペンで文字を書くような事務仕事はほとんどなくなったので、漢字は読むことさえできれば、書けなくてもほとんど問題ないと言ってもいいくらいです。むしろブラインドタッチできるか、キーボード入力が早いかが問われるでしょう。しかしそれすらも、音声入力やスマートフォンで使われる親指入力など、他の入力方法が出てきています。

計算についても変化しました。そろばんを使う人はいなくなり、電卓さえも使いません。数字をコンピューターに入れれば、勝手に必要な計算をしてくれます。場合によっては、数字の入力すら機械がやります。

私たちが覚えておかなければならないことも、変化しました。たとえば、電話番号はどうでしょうか。携帯電話が広がるまでは、誰でも自宅や友人宅、会社、取引先など、たくさんの電話番号を暗記していたはずです。それが今はどうでしょう? 電話番号は携帯電話の中に入っていますし、相手の自宅の電話番号は知らない人がほとんどで、そもそも携帯電話があれば事足りるために、自宅に固定電話がない人も増えていることでしょう。

漢字も英単語も業務上知っておくべき知識も、すべて暗記しておく必要はありません。覚えておいたほうがいいこともあるでしょうが、いざとなれば検索すれば済むの

工場での画一的な作業　20世紀

コミュニケーション重視　自由な働き方　21世紀

です。検索しなくても、勝手にコンピューターがアシストしてくれることも多いです。

かつて工場に機械がやって来て人の手仕事を奪ったように、今はＡＩが、これまで人の脳がやっていた仕事を奪います。社会がそれだけ変わったわけですから、教育に期待されることも変化するはずです。

21世紀型スキル

１９９０年代初頭のアメリカでは、自国の製造業の国際競争力が著しく低下してきたことについて、国を挙げた議論が行われたそうです。そんな中、そのときの教育が今の社会に必要な人材を輩出していないのではないかとの指摘を受け、当時のブッシュ大統領は「世界レベルの教育水準達成を目指す」という国家戦略を立てました。

同じ品質の製品を大量生産し、それを大衆が大量消費する時代に必要な人材と、ＩＴ化が進み、業務が専門化・複雑化した21世紀では、求められる人材に差があるということです。

この流れは、「21世紀型スキル」という概念を生みました。そして２００２年、「アメリカに住むすべての子どもたちが21世紀にふさわしい教育を受け、グローバルな経済社会や高度な情報社会において活躍できるようにしよう」との目的で、マイクロソフト、アップル、インテルといった巨大ＩＴ企業とアメリカ教育省が一緒になって、非営利団体「パートナーシップ フォー 21stセンチュリースキル」を設立しました。この団体では、21世紀型スキル（21世紀を生きる子どもたちが必要とすること）として、以下を挙げています（表18）。

こうした流れはアメリカだけにとどまりません。ヨーロッパや東南アジアなど、多くの国が21世紀型スキル重視の教育を考え始めました。じつは、日本でも同様の動きがありました。

国立教育政策研究所は2013年に21世紀型能力（P84／表19）を明らかにしています。新指導要領（小学校＝2020年度～／中学校＝2021年度～／高等学校＝2022年度～実施）では、生きる力を重視し、「学んだことを人生や社会に生かそうとする、学びに向かう力、人間性」「実際の社会や生活で生きて働く知識および技能」「未知の状況にも対応できる思考力、判断力、表現力」という3つの力をバランス良く育むことが大切だと主張しています。さらには、プログラミング教育、主権者教育、消費者教育、言語能力の育成、金融教育、キャリア教育、国土に関する教育などに力を入れることが書かれています。

こうして見ると、日本の教育も時代に合わせて変化させようとしているようなのですが、現場を見ると、あまり変わりばえしないように感じてしまうのはなぜなのでしょうか。

いえ、実際には小学生が英語の授業を受けるようになったり、学校内で使うコンピューターやタブレット機器が整備されたりしているのです。それでもなお、あまり大きく変わったようには思えません。

この違和感はどこからくるのか、考えてみる必要がありそうです。

表18● 21世紀型スキル

Learning and Innovation Skills	**（学びと革新のためのスキル）**
Creativity and Innovation	（創造と改革）
Critical Thinking and Problem Solving	（批判的思考と問題解決）
Communication	（コミュニケーション）
Collaboration	（協働）
Information, Media and Technology Skills	**（情報、メディア、技術のスキル）**
Information Literacy	（情報リテラシー）
Learning and Media Literacy	（メディアリテラシー）
ICT Literacy	（情報、コミュニケーション、技術リテラシー）

足し算ばかりの現状

前述の新しい学習指導要領では、新しい時代を生きる子どもたちに必要な教育を進めようとしています。すばらしいことだと思うのですが、よく読み込んでいくと、気になる記述が見つかります。「2008年に改訂された現在の学習指導要領の枠組みは維持し、学習内容の削減は行わない方針」という部分です。

一見良いことのように思えます。しかし、考えてみてください。すでに述べた通り、新指導要領では生きる力を重視して学びに向かう力、人間性、実際の社会や生活で生きる知識および技能、思考力、判断力、表現力をバランス良く育むことが重要だとしています。プログラミング教育、主権者教育など、新しく取り組むこともあります。それなのに、「今までの学習内容を削減しないでおく」などということが可能なのでしょうか。

小学校の場合、英語教科の導入により、小学校3年以上で授業を年間35時間も増やさなければなりません。そのため、夏休みを短くすることを決断した教育委員会があります。一方で、教師の働き方改革の必要性もあり、学校現場では「やることは増えたけれど、やる時間は増えない」という状況に陥ります。

しかも、21世紀型スキルの日本版とも言うべき「生きる力をつける教育」は、今ひとつ具体性に欠けます。もちろんいくつかの方法が提示されているのですが、結局は現場の教師に任せざるを得ない状況になりがちです。その性質上、教科学習の内容のように一律に指導を徹底することが難しいのです。

生きる力をつけることは重要です。新しい学習指導要領の方向性に間違いはないと

Life and Career Skills	（生活と労働のスキル）
Flexibility and Adaptability	（柔軟性、適応力）
Initiative and Self-Direction	（自発力と自己決定）
Social and Cross-Cultural Skills	（社会性、多文化スキル）
Productivity and Accountability	（生産性と結果責任）
Leadership and Responsibility	（リーダーシップと責任）

思うのですが、あれもこれもと〝足し算〟のみを求めるのは難しいでしょう。
子どもの時間にも教師の努力にも限りがあります。新しい教育にするには、大胆に何かを減らすことが必要だと思われます。

ゆとり教育のトラウマ

教育にゆとりが必要であるという指摘は、1980年代からなされていました。ただし狭義の「ゆとり教育」は、2002年度の学習指導要領に沿った教育の実践によるものを指します。

じつは、このときのスローガンも「生きる力」だったのです。詰め込み教育からの脱却を目指すために教科学習を減らすなど、今の学習指導要領とは正反対の方向性で、足し算ではなく引き算がメインだったと言えるでしょう。

ただし、このゆとり教育は失敗しました。もちろんこれが良いとする意見もあったのです。しかし2008年に告示された学習指導要領では、授業時間の10%増などが盛り込まれた「脱ゆとり教育」が始まったわけですから、失敗したと言わざるを得ません。

ちなみに、学力低下が方向転換の理由です。具体的には、2004年12月に発表された生徒の学習到達度調査（PISA／P23参照）において、日本の順位が読解力で8位から14位へ、数学リテラシーが1位から6位に下がりました。さらには2007年12月に発表された同じ調査で、読解力は14位から15位に、数学リテラシーが6位から

表19● 21世紀型能力

実践力
自律的活動力・人間関係形成力・社会参画力・持続可能な未来への責任

思考力
問題解決・発見力・創造力・論理的・批判的思考力・メタ認知・適応的学習力

基礎力
言語スキル・数量スキル・情報スキル

※教育課程の編成に関する基礎的研究報告書5　勝野頼彦（国立教育政策研究所教育課程研究センター長）2013より

10位へ下がったことが問題視されたのです。なお専門家の間では、「PISAの順位低下をゆとり教育の影響と決めつけることはできないのではないか」と指摘する声もあります。

いずれにしても、このゆとり教育の失敗は、日本の教育界に「学習内容を減らすことは大きな問題になりかねない」というトラウマを植えつけました。そのトラウマは、「教育を変化させるのは難しい」という前例踏襲への固い決意につながってしまっているようにも思えるのです。

不登校が減らないのはなぜか

学校がこのままで良いのかどうか……。みなさんはどう思われますか？　昭和の時代を引きずっていたとしても、今のままにしておくべきだと考える人もいるでしょうし、今の社会を反映してもっと大胆な変革が必要であるとする人もいるでしょう。

前述したように、すべての人が当事者であることから、学校教育に関する議論は非常に難しいものです。また生存バイアスがあるため、教師や教育行政、教育の専門家の経験則に頼るのも心もとないように思われます。

そこで、別の面から学校について考えてみたいと思います。「不登校の子どもが増えている」という問題です。

文部科学省が毎年行っている調査によると、不登校の子どもは小学校で約4万5千人、中学校で約12万人、合計16万5千人とのことです（平成30年度）。率にすると小学校における不登校の子どもが0・7％であるのに対し、中学校では3・65％に跳ね上がります。中学校では30人に1人が不登校、つまり各クラスに不登校の生徒が1人いるという状態だと言えます。

ただ文部科学省の調査は、現実を十分に表していないという指摘があります。ここでは不登校を「年間30日以上欠席する者」と定義しており、30日未満の欠席者や、学校に行ってはいるものの保健室登校で、教室での授業を受けていない生徒が入っていないからです。

そのことについて、公益財団法人日本財団が2018年に行った「不登校傾向にある子どもの実態調査」が興味深い結果を出しています。この調査では、欠席が30日未満の者など、文部科学省の調査では扱わない不登校傾向にある中学生について調べていて、それによれば不登校傾向の生徒数は全国で33万人にのぼるそうです。文部科学省の調査での不登校（年間30日以上の欠席者）を入れると全国で約44万人、率にするとじつに13・3％にもなります。

さて、こんな風に不登校問題が深刻であることをわかっていただいた上で、文部科学省の調査を見ていただきたいのです（表20）。このグラフを見ると、不登校の増加が頭打ちになり、減少に転じようとした部分があることに気づきませんか？

それは平成14年（2002年）から平成24年（2012年）の10年間なのですが、ゆとり教育が正式に始まったのが（実際にはその前から同様の取り組みが求められていたのですが）平成14年（2002年）で、脱ゆとりの学習指導要領が出たのが平成20年（2008年）。もしかしたらゆとり教育は、不登校の予防という面で効果があったのかもしれません。

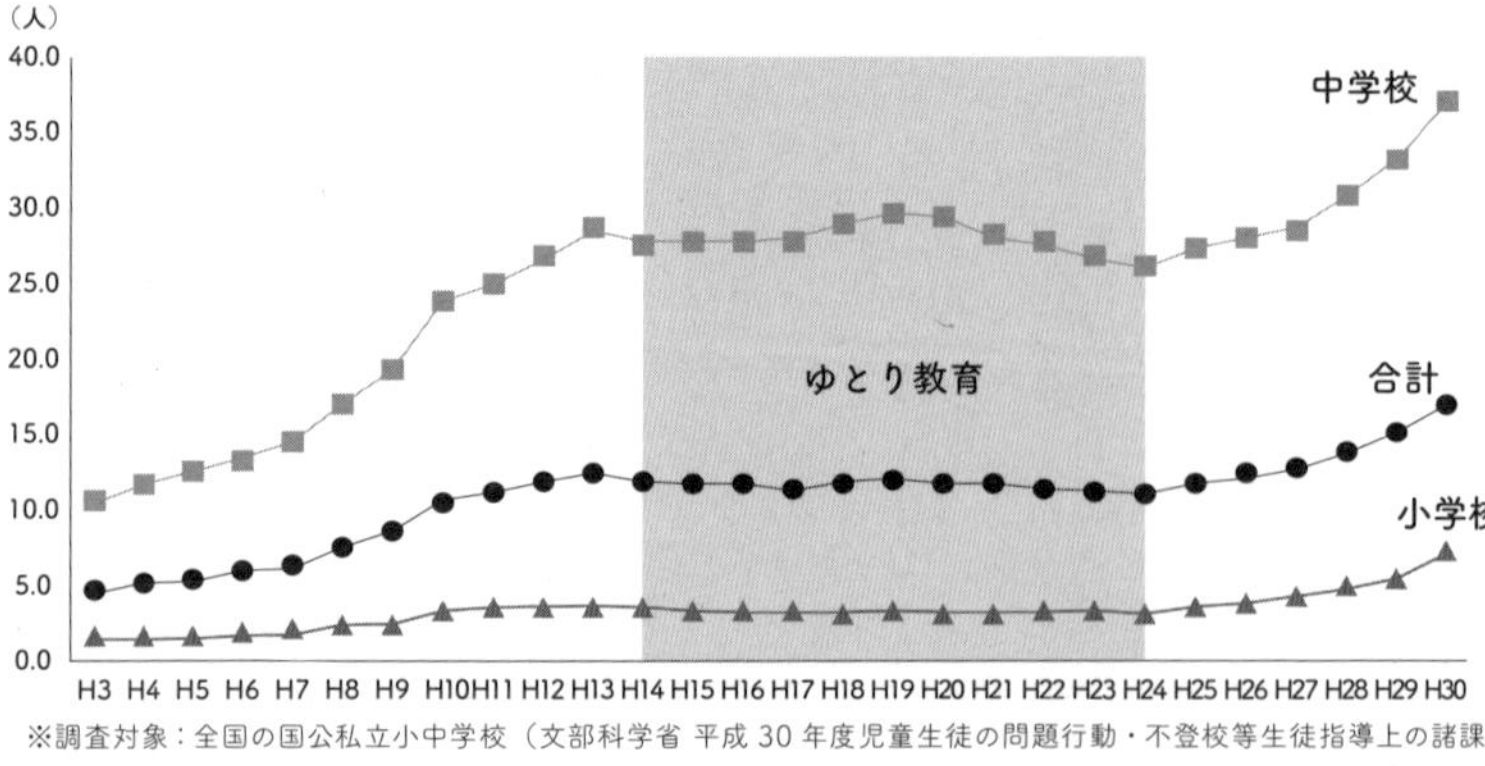

表20● 不登校児童生徒の割合の推移

※調査対象：全国の国公私立小中学校（文部科学省 平成30年度児童生徒の問題行動・不登校等生徒指導上の諸課題に関する調査結果より）

もちろん時代背景やその他の問題との関連もあるでしょうが、引き算をすることによって学校のあり方を変えようという「ゆとり教育」の試みについて、再度研究する必要があるように思います。

現代社会と学校教育

不登校になった子どもと親の苦悩は、非常に大きいものです。学校に行けないことから、子どもの自己肯定感は必然的に下がります。親も子どもも、自分が悪いのではないかと考えて苦悩します。「世間に対して申し訳ない」という気持ちになり、自分(わが子)の将来は真っ暗で、死んだほうがましだとさえ考える場合もあるそうです。

しかし、ここで考えてみてもらいたいのです。文部科学省の調査では、不登校が増えるばかりです。日本財団の調査によると、8人に1人以上の子どもが学校に行きたくないと考えているそうです。これはどう考えても異常だと思いませんか?

誤解しないでほしいのですが、不登校になる子どもや不登校の子どもを抱える親や家庭が異常だと言っているのではありません。義務教育でありながら、8人に1人もの生徒に「学校に行きたくない」と考えさせてしまう学校のあり方がおかしいと言っているのです。

昭和の時代からずっと変わらなかった学校は、目まぐるしく変わる社会の要請にも、子どもの発達の状態にも合わなくなっている可能性があります。つまり不登校は、不登校になる子どもやその親、家庭の問題ではなく、不登校を起こさせてしまう学校のあり方の問題だと考えるべきなのです。ちなみに、学校教育が社会の要請に応えられていない証拠のひとつとして、早期離職率問題があります。厚生労働省の調査によると、大学卒で3割程度、高卒で4割程度が、就職後3年以内に離職しているとのことです。

自宅でパソコン、タブレット端末、ゲーム機などのデジタルを自在に使って情報を得て、SNSで友達とやりとりしている子どもたちが、学校に行ったとたん、ノートとえんぴつしか使えない世界の住人になります。もちろん学校でもコンピューターやタブレット端末が提供されていますが、今のところかなり限られた使い方だと言えるでしょう。自宅では、座り心地の良い椅子としっかりとしたスペースの机を使っている子どもが、学校では何十年も変わらない硬い椅子と狭い机を使わざるを得ません。

世間では髪を染めるのが当たり前になり、ファッションも大きく変わりましたが、学校では昭和時代の学生像そのままのような校則でがんじがらめです。

「元気に仲良くがんばる子ども」というのが、学校で目指す子ども像であることが多いと思います。それはそれでかまわないのですが、実際には、友達と多少うまくいかなくても、静かにしていることが好きでも、今の社会では何とかなるものです。

今の時代、30人がひとつの部屋に押し込められ、みんなで同じことをしなければならないような場は、学校以外に存在しないでしょう。

大人の社会ではパワハラが問題視され、働き方改革が進み、個人の多様性を認め、自分が得意なところで社会に貢献することが重要だという風潮に変わってきています。だいたい大人になれば、嫌いなことを避けることが可能です。嫌なこと、不得意なことを強制されるなんてことはありません。

ところが学校は違います。音楽が嫌いでもリコーダーを吹かなければなりませんし、水泳が苦手でも水泳の授業をさぼるわけにはいきません。すべてとは言いませんが、まだ子どもたちを力でコントロールしようとする先生もいます。ひとりひとりの多様性を認める方向にはありますが、制服を身につけなければならず、よくわからない校則を守らないと叱られてしまいます。

つまり、「学校は社会の縮図」ではなくなっているのです。むしろ学校のほうが、世の中で最もへんてこな場所になってしまっているというのが、今の状況かもしれません。

学校は変わらなければなりません。今までの学校教育のうち、良いところを残しつつ、今の時代と子どもの発達の実情に合わせた変化が求められています。

だから今の子どもたちが、もし「学校で居心地が悪い」と訴えても、「学校で満足にやれないようなら社会でもうまくいかない」なんて言わないでください。そんなことで子どもを傷つけるよりも、その子の良さを見つけて守り育てるほうが、ずっと大切だからです。

真実 4

「学校は社会の縮図」ではない

Point

□すべての人が経験者であり、それぞれがそれぞれ違った経験をしているため、学校教育について議論することは難しい。

□学校の先生や教育関係者は“学校教育の生存者”であるため、「生存バイアス」に陥りやすい。自分が子どもだったときの学校に良いイメージを持っていることから、保守的になってしまう。

□『ちびまる子ちゃん』の学校でのシーンを見ると、日本の学校が40年前からいかに変化していないかがわかる。

□アメリカの学校は、時代に合わせて変化している。少人数クラスであること、黒板とチョークを使っていないことに加え、自分の好きな椅子を選び、リラックスして授業を受けられるところもある。
一方、日本の学校の椅子は昭和から変化がない。座りづらい椅子を変えるだけでも、子どもが抱える問題が解決するかもしれない。

□21世紀を生きる子どもたちが必要とするスキルを「21世紀型スキル」と呼ぶ。創造力、批判的思考、情報リテラシーなどに代表され、日本を含め多くの国が21世紀型スキルを定義し、自国の教育に取り入れようとしている。

□日本の新しい学習指導要領では、生きる力を重視し、プログラミング教育、主権者教育などに取り組むことにしている。ただし学習内容の削減は行わないことにしており、教育内容は増える一方（足し算ばかり）である。

□ゆとり教育も、生きる力をテーマとしていたが、このときは詰め込み教育からの脱却を目指していたことから、授業時間や指導内容の削減（引き算）が行われた。しかし学力の低下が見られたことから、脱ゆとり教育が始まり、ゆとり教育は失敗してしまった。

□このゆとり教育の失敗から、日本では学習内容を減らすことが難しくなった。

□不登校は年々、増加傾向にある。しかも文部科学省の発表よりも深刻である可能性が高く、中学生の8人に1人が不登校傾向の可能性がある。

□これだけの子どもが不登校傾向であることから考えると、不登校になる子どもやその親、家庭が問題なのではなく、学校のあり方が今の社会や子どもの発達に合っていないと言えるのかもしれない。

真実 5

経験則は使っていいときとそうでないときがある

「お母さんが子どものころはね……」問題

子どもを叱るときに、「お母さん（お父さん）が子どものころは……」という決まり文句があります。あなたは使ったことがありませんか？

「お母さんが子どもだったころは、そのくらいのことを我慢するのは当たり前だった」「お父さんが子どものときは、もっと勉強したものだ」などですね。これらは大人たちが、自分の子ども時代の経験を振り返りつつ、今を生きる子どもに対して「もっとこうすべき」だと言っているわけですが、これはどうなのでしょう。

あなたが子どものとき、同じようなことを親から言われた経験はありませんか？もしあったとしたら、そのときどのように思いましたか？

子どもが「もっともだ」「自分は親の子どものころに比べて劣っているからもっとがんばらなければ」と思ったとしたら大成功ですが、逆に親の話にまったく賛同できず、聞き流していたとしたらどうでしょう。「親の経験を持ち出されても困る」と、強く反発する場合だってあり得ます。

一方、「こうした経験談には説得力があって肯定できる」という考え方もあります。テレビショッピングを例に挙げましょう。雑誌の広告でもかまいませんが、そこではたくさんの経験談が語られています。健康食品について、それを試した人が「○○を飲んだから疲れにくくなった」と話します。運動器具については、「●●を使ったら体重が△kg減った」などと話し、ごていねいにビフォーアフターの映像（ウエスト周りとか！）が流れます。

こうした広告が目立つことを考えると、経験談やそこから導き出された経験則（○

○は役に立つ／子どものころは○○をするほうが良い）は、人の考えに大きな影響を与える場合と、そうでない場合の両方があると言えるでしょう。

ここではそうした経験則の功罪を整理し、とくに子育ての現場においては経験則をどう位置づけるべきなのか、どう利用すべきなのかを考えていきたいと思います。

語る人に付随する価値

テレビショッピングの話に戻りましょう。有名人が出演する番組を思い出してください。扱われる商品は健康食品、化粧品、運動器具などさまざまですが、やはり好感度の高い有名人が出演するとそのインパクトはかなり強いように思います。なぜでしょうか。

これは、「派生の法則」という現象で説明できます。派生の法則とは、「ある人物の行動がそのまわりのことの評価に波及すること」を意味します（P39参照）。

まず、あなたが好ましいと思う人を思い浮かべてください。身近な人でもいいですし、芸能人でもかまいません。想像するに、その人の言動はあなたにとって好ましいものなのでしょうが、その人に対する評価は他のことにも波及していませんか？　たとえば、その人の着ている服も好ましいと感じるのではないでしょうか（もちろん服そのものが好きだから、その波及として「その服を着ている人」も好ましくなることがあります）。つまり、ひとつのことへの評価（この場合は「その人の言動」もしくは「服の好み」）は、他のことへの評価に影響するのです。

ある人への評価が高まると、趣味、着ている服、乗っている車、住んでいる場所などが好ましいものに思えてきます。その人にかかわるすべてに好印象を抱くようになりがちなのです。

子どものころ、好きな先生が教える教科は好きになりませんでしたか？　もともと英語が嫌いでも、印象の良い先生が教えるようになってから好きになったというようなケースです。もちろん逆もあります。あんなに好きだった教科が、嫌いな先生が担当になったとたん大嫌いになることもあるはずです。ＣＭには派生の法則を使っているものが多く、人気アイドルがたくさん出演しているのはそういうわけです。

だからこそテレビショッピングは、こんな風に語る人に付随した情報（「賢そう」「趣味が良さそう」「正直そう」など）によって、さらに説得力を増すという効果が出てくると言えるのです。

感情、感覚とディテールが臨場感を出す

テレビショッピングで経験談を語る人は、有名人に限りません。どこにでもいそうないわゆる普通の人が自らの体験を語るのですが、それでも説得力があるように思えます。その秘密は、「感情」と「感覚」に関する情報にあるかもしれません。

感情とは、うれしい、楽しい、びっくりしたなどの気持ちの動き。感覚とは、気持ちが良いとかさわやかな香りだったとか、いわゆる五感で感じることができるものを言います。

健康食品を飲んだら、驚くほど体が軽く感じられるようになった（「驚く」が感情、「軽く感じた」が感覚）。この洗剤を使ったら、きれいになってうれしかった、しかも香りが良かった（「うれしかった」が感情、「香りが良かった」が感覚）。これらが例として挙げられます。

私たちとそう変わらない（いわゆるふつうの）人が、その商品もしくはサービスを使ってみてどのように思ったのか、そのときの感情や感覚は臨場感を引き起こします。そして同じような感情や感覚を味わいたいと願った結果、その商品やサービスの購買意欲が高まるのです。

しかも実体験ですから、その体験を詳細まで語ることができます。その商品を使ったときの気持ちの変化、商品を持ったときの感覚、使っているときの感覚の変化など、その人の表現力が許す限りいくらでも細かく話すことができるでしょう。経験した人の主観だからこそ、単なる理屈にはない説得力を持つわけです。

本書では科学を重視するのですが、それは元来、ヒトという生き物が感情や感覚に流されがちで論理的思考が苦手であることが理由でもあります。加えて、人の考えには感情や感覚の影響が大きいことも、科学的に証明されているのです。

感情
驚くほど
感覚
体が軽く感じられるようになった！
フムフム…

経験則の危うさ

このように私たちは、経験談や経験からその人が見いだしたこと、すなわち経験則の影響を受けます。ただし、それがいつも正しいとは限りません。実際テレビショッピングを見ていて、怪しいと思うケースも少なくないのではないでしょうか。

ダイエットグッズの宣伝として、それを使った経験を語る場面があったとしましょう。ビフォーアフターの写真や体重が減ったことを示す映像が出ます。しかもその経験者が、「簡単にやせられて驚きました」「むしろ楽しんでダイエットに取り組めました」などという感想を寄せたとします。

それらについて、素直に「なるほど」「自分もやってみよう」と思う人もいるでしょうが、怪しいと感じる人もいますよね。そういう人の多くは「これはこの人の個人的感想であって、それが自分に当てはまるとは思えない」と感じたり、「これはあくまでコマーシャルだ。商品が売れるように都合の良い話をしているんだ」と考えたりします。もちろん、こうした考えや意見は正しいです。だから最近ではこうした経験をCMで使うとき、画面の片隅に「これは個人の意見です」と注意書きがされるようになっています。

経験談や経験則は、感情や感覚に訴えて話す人に付随する情報があるため、魅力的ではあります。ただし逆に言うならば、その人個人の感想や経験でしかありません。しかも偶然だったり意図的だったりする可能性もあります。それをむやみに一般化して、「自分にも当てはまる」と考えるのは、相当危ないことであると考えるべきでしょう。

経験談、経験則はケーススタディーである

じつは研究の世界でも、経験談や経験則のようなものが存在します。簡単に説明してみたいと思いますが、その前に研究の手法には「科学的根拠（エビデンス）に関するランク」があることをご存じでしょうか。代表的な研究手法を、科学的根拠（エビデンス）レベルが高い順に挙げてみます（表21）。細かく言うともっとさまざまなものがありますが、ここでは単純化して紹介しましょう。

最もエビデンスが高い（科学的事実として間違いがない）とされるのが、「システマティックレビュー」です。これは、ある分野で行われた科学的研究をごっそり集めてきて、それをさらに分析するという手法です。

仮に喫煙とがんの関係を調べたいとしましょう（すでに証明済ですが）。そのときシステマティックレビューでは、研究者自身が新たに何らかの調査を行うことはなく、すでに発表されている研究論文を集めるのです。何しろがんの研究は世界中でなされています。喫煙とがんの関係を調べた研究だって、世の中にはたくさん存在しているのです。中には年齢別に調べたもの、人種や性別による差を検討したものなど、いろいろあります。

システマティックレビューでは、そうした研究論文を世界中から集めてきて、さらにそれらを分析していきます。そうしたたくさんの研究結果を概観して、結局何がわかったのかを総括します。

この研究手法を頂点に、さまざまなエビデンスレベルの研究が存在します。研究と言いつつ、単に個人の意見を表明しただけのものもあれば、非常に偏ったデータしか

表21●

エビデンスレベル

高	システマティックレビュー	たくさんの研究を集めて、まとめて分析する
	コホートスタディー	追跡して調査する
	ケースコントロールスタディー	2つの群を比較し、その差を分析する
	クロスセクショナルスタディー	一度にデータを取得し、関連を調べる
	ケースシリーズ	いくつかのケースを調べて比べる
低	ケーススタディー	1つのケースを詳しく調べる

提示できていないものがあるのです。この辺の見きわめは、研究者であるならば必ずできるようにならなければなりません。

さて、研究手法の中に「ケースシリーズ」「ケーススタディー」というものがあります。スタディー＝研究なので、これらを直訳するとケーススタディーは「事例研究」、ケースシリーズは「事例群研究」となりますが、これらこそがここで話題にしている経験談と経験則なのです。

ケーススタディーとは、ひとつの事例を詳しく取り上げるもの。「○○さんががんになりました。その発見から治療までの流れを取り上げましょう」という感じです。ケースシリーズは、そうした事例を複数集めたもので、「○○病院を受診したがん患者15人について調べてみたところ、△△といった傾向が見いだされました」といった研究がこれにあたります。

ケーススタディーは研究者による経験談であり、ケースシリーズは研究者が複数の経験から見いだした経験則を提示したものということになるでしょう。さて、ケーススタディーとケースシリーズのエビデンスレベルですが、どう思いますか？　科学的根拠（エビデンス）があるとして良いでしょうか？　もちろん、そんなわけにはいきません。何しろひとつや2つ程度のケースでは、それ固有の影響が大きいものです。

喫煙によってがんのリスクが高まることは、誰でも知っていますよね？　でも、喫煙者全員ががんになるわけではありません。かなりのヘビースモーカーであるにもかかわらず、健康で長生きをする人も出てきます。長生きをしたあるおじいさんが、「わしの長寿の秘訣はタバコだ。タバコをやめてストレスにさらされるより、好きなだけ吸って楽しく生きたほうがいいに決まってる」と言ったとして、その意見をあなたは採用しますか？

たぶんそのおじいさんは、喫煙の悪い影響を受けにくい特別な体質だったか、ものすごくラッキーだったか、のどちらかです。この例は極端かもしれませんが、ケーススタディーの場合、こうした偏ったケースが混じる可能性がつきものなのです。つまり、ひとつの事例以上でも以下でもないということになります。だから研究においては、ケーススタディー、ケースシリーズともにエビデンスレベルは低いとされるわけです。参考になる場合も多いのですが、注意が必要と考えるべきでしょう。

ケーススタディーが力を発揮するとき

しかし、ケーススタディーやケースシリーズが力を発揮するときがあります。研究の世界では、「レアな事象が起きたとき、まずケーススタディーを積み重ねることが必要」とされています。

例を挙げましょう。ある日、未開の地で危険な病気が発見されたとします。感染力が強く、あっという間に人が死んでしまう未知の病です。このまま放っておくと人類の危機、何とかしてその病気のメカニズムを解明し、治療方法を確立しなければなりません。そのためには研究が必要ですが、何しろ情報が少なくて難しいです。それに未開の地で発見されたばかりの病気で、研究しようにも、その地まで行くことすら困難なのです。しかも感染力が強いときていますから、その病気になった人に近づくことさえままなりません。

こうしたとき重要なのが、ケーススタディーです。この状況下で、その未知の病をたまたま診察した医師が、貴重な経験をできる限り客観的に記録したもの（すなわちケーススタディー）があったとしたら……。この場合は、ひとつのケースでも非常に貴重です。さらにその医師が、複数の患者のレポートを書いていたとしたらどうでしょうか。つまりケースシリーズですが、そういうものがあればさらなる情報を得られることでしょう。

ケーススタディーとケースシリーズを積み重ねていくことにより、その未知の病の全貌が明らかになっていきます。そして、それはより精度の高いエビデンスを提供することになります。

実際に、こうした例はたくさんあります。身近なところですと、いわゆる発達障がいについての研究もそのようにして始まりました。実際にはもっと以前から研究されていたのですが、発達障がいの概念がわが国に広まったころ、多くの研究者や実践家がケーススタディー、ケースシリーズの報告を行いました。事例をたくさん挙げた本が書店に並んでいたのを覚えている人もいるかもしれません。

ところが、時間が経過して発達障がいが広く知られるようになり、支援方法も一般化されていくと、こうしたケーススタディーやケースシリーズの需要が減り、代わりにより高いレベルのエビデンスが求められるようになります。もっと大規模な研究を行い、信頼性の高い情報が必要になってくるのです。

そう考えると、経験談や経験則が必要とされるときや、力を発揮する場面が明確になってきたのではないかと思うのです。それは、レアな経験がある人の場合です。オリンピック選手になった人の話は聞いてみたいですよね？　歩いて日本一周をした人の話もおもしろそうです。もちろん個人の興味にもよるのですが、通常ならできそうもないことを成し遂げた人の話は、実際に多くの人たちの興味を引きます。なぜならその人の経験談、経験則はその人にしか語れないからです。

東大に合格した人の話

では、東大に合格した人の話はどうでしょうか。東大に合格するなんて十分にレアですごいことだから聞いてみたいという人もいるでしょうし、東大の合格者なんて毎年3000人くらいいるんだからそんなに珍しくない、と考える人もいるかもしれません。

ただし「中学時代は成績が悪かったのに東大に入った」とか「元ヤンキーだったのに東大に入った」とか「お笑い芸人なのに東大に入った」など、レア度が高まってくると、急に興味がわいてくるのではないでしょうか。

ですが、忘れないでください。これらはすべてケーススタディーです。しかも「中学時代は成績が悪かったのに東大に合格した」なんていうことは、めったに起こりません。ケーススタディーは必要なことではありますが、非常に偏っている可能性もあるのです。

じつは「両親ともに東大出身の高学歴で、遺伝的に勉強が得意であることがわかっているが、何かの事情で中学時代は成績が良くなかった」とか、「すごく裕福な家で特別な家庭教師や塾に通わせる財力があった」という状況だったかもしれません。もちろんそうではない可能性もあるのですが、だったら単なる偶然でしょう。その人の勉強方法を聞いたとしても、そのことと東大合格の因果関係は不明です。むしろどうやったら幸運をつかむことができるのかを聞きたいところですが、もちろん運、不運といったことと科学は相性が良くありません。

人には妙な癖があって、勝手に因果関係を結びつけてしまいがちです。例を挙げましょう。ある日、あなたが友人からプレゼントしてもらったネクタイをして出勤したとします。そのネクタイは好みではないので、ずっとしまってあったのですが、その日はなぜかしてみる気になったというわけです。そして、その日に何か良いことが起こるのです。簡単なことでかまいません。いつも不機嫌な上司が珍しく愛想が良くて話をよく聞いてくれたとか、そんなことだとしましょう。そのとき、あなたはどう思うでしょうか。たぶん「そのネクタイを身につけたこと」と「上司の愛想の良さ」を結びつけることはないのではないでしょうか。

しかしまた別のある日、同じようなことが起こったとします。その特定のネクタイをした日に、また上司の愛想が良かった……。そうでなくても、特定のネクタイをしていた日に限って、誰かにやさしい言葉をかけてもらったとか、前から欲しいと思っていた本がたまたま手に入ったとか、何か良いことが起こるのです。そして、そのようなことが続いたら、あなたはどう思うでしょうか。

客観的に考えると、「特定のネクタイをしたこと」と「良い出来事」に因果関係があるはずがありません。どう考えても偶然です。でも、いったんその関係が気になり始めると、「特定のネクタイ」と「良い出来事」に何か特別な関係があるように感じられてきます。ここで「確証バイアス」が起こります（P17参照）。するとたいしたことでなくても、「特定のネクタイ」をしたときは、「このネクタイのおかげでいいことが起こったんだ」と意識化されていきます。

こういうことが「中学時代は成績が悪かったのに東大に入った」という経験談にも起こりますし、自分が誰かに語る経験談にも入ってきます。特定の勉強法だけが東大に入ったことに関係しているわけではないのに、そこだけが強調されてしまう。もしくは特定の勉強法は（特定のネクタイのように）じつはまったく意味がなかったのにもかかわらず、そのように信じ込んでしまった、などということが起こりかねないのです。

経験談や経験則はおもしろいのですが、そこから勝手に因果関係を見いだすのは危険であることを覚えておくべきでしょう。

経験談、経験則の強みと弱み

では、これまでの話から、ここで経験談、経験則の強みと弱みをまとめておきましょう（表22）。

これを前提に、子育ての世界での経験則について考えてみると、かなり整理されていくように思います。まず「お母さんが子どものころはね……」問題ですが、これは参考になるときと、そうでないときがあるのがわかりますね。

メリットとしては、感覚、感情に訴えかける臨場感があること、ディテールが明確で具体的なことが挙げられます。親の場合は何しろ遺伝というものがありますから、（世

表22●

経験則の強み	経験則の弱み
・語る人に付随した価値がある ・感覚・感情に訴えかける臨場感、（語る人の主観ではあるが）ディテールまで説明できる	・ケーススタディーであり、その中で得られる因果関係は証明できない（偏っている可能性が高い） ・語る人の特性（IQ、環境、得意・不得意など。これらは隠れている場合がある）が大きく影響している可能性がある

代の差はあるものの）ある程度の類似性もあるはず。親にできることは自分にもできるかもしれない、もしくは自分にできたことは子どもにもできるに違いないと思うのは、そのせいだとも言えます。

しかし、時代が決定的に違います。親が子どもだったころはこれほどインターネットが普及していたでしょうか。子どもがネット上で動画を見ることもなければ、ユーチューバーになりたいなどという夢を語っていなかったはずです。

また、昔は今よりずっと集団を重視しました。「他人に迷惑をかけないこと」が個人の気持ちよりも重視され、集団のためなら我慢すべきとの価値観だったように思います。

この「時代」というファクターがある限り、経験談やそこから見いだされた経験則をそのまま今に当てはめることは難しくなるでしょう。それから、経験談や経験則で語られる因果関係が正しいと言えない場合が多いことにも注意を払う必要があります。

もちろん単なる経験を言うだけならかまいません。「お母さんは、毎日、宿題をきちんとやったのよ」とか「お父さんは中学時代、友達にけんかで負けたことがなかった」など……。もちろん、それが事実かどうかは証明しようがないはずですから、子どものほうは「お母さん（お父さん）、話を盛ってるな～」なんて思いつつ、話半分に聞いておけば良いでしょう。ただし、これが因果関係にまで及び出したら危険です。

「毎日、宿題をきちんとやったから、○○高校に合格した」とか、「けんかで負けたことがなかったから、社長になれた」などというケースです。このように高校進学や職業を、ひとつのこと（宿題を毎日やった／けんかに負けなかった）と関連づけるには相当の無理がありますから、話半分どころかほとんど詐欺レベルだと言っても良いくらいです。もっとも、こうした言説の裏には「毎日宿題をきちんとやる子どもにしたい」「けんかに負けない強い子どもに育てたい」という親心があるので、そこはきちんと受け取るべきなのですが。

では、教師の「先生が中学生だったころは……」話はどうでしょうか。これも基本的に親の話と大差ありません。その先生の人柄や実力によっては、信じたくなるときもあればまったく信じられない（信じたくない）と思うことがあるでしょうが、大切なのはその先生個人にかかわる因子の影響が強く出るはずだ、という客観的事実です。その先生のIQ、生まれつきの才能、スキル、家庭環境、友人環境などがその因子ですが、親のときと同じく時代の影響だって考えられます。子どもにとっては、親と違って遺伝的には先生とまったく関連がありませんから、そのあたりの違いを十分に考慮しなければなりません。

単なる教訓として受け取るならば良いですが、その教師が語る経験則そのままに「○○をすれば△△になるはずだ」などと盲信するのは危険です。この場合も、そう語りたくなる先生の気持ちだけを受け取り、その経験談や経験則を信じ込みすぎないようにしましょう。

では、ブログや書籍などで注目を集める「元ヤンキーが東大に受かった勉強法」のようなものはどうでしょうか？　結論から言うと、これも怪しいものです。レアなケースだけに注目を浴びますが、それを一般化するのはどうかと思います。あくまでも参考例として扱うのなら良いのでしょうが……。

このように、経験談や経験則の問題がはっきりしてきましたが、それでもこれらが魅力的であるのは事実です。何しろリアルな経験ですから、説得力が違います。私たち自身が、親や教師、コーチなど子どもを導く立場（子どもだけでなく大人が対象でも同じようなことはあります）だったとき、経験談や経験則について、その問題点を把握しつつ上手に使うことが肝心です。

親の場合なら、「お父さんの〝時代〟は○○だった」というように、時代ファクターを考慮に入れるように促した上で話しましょう。教師やコーチなら、あくまでも「個人のケース」だったり、その経験から得た「個人的考え」であることを強調すべきです。「いじめられたとき」や「落ち込んだとき」など、困ったときに対するアドバイスはさらに注意が必要で、経験談を振りかざして「いじめくらい我慢すればいい」のようなことを言ってしまうと、子どもをさらに追い詰めかねません。大人は子ども時代を生き延びてきたがゆえに、どうしても「そのくらい平気」「耐えれば良い」のようなことを言いがちですが、そこにはそれを語る人の個人因子が絡んできます。ピンチの子どもには、とにかく助けることを重視し、下手な経験則を披露しないほうが良いように思います。

いずれにしても、経験談や経験則を使うときは、大人の側が十分に注意する必要があります。そうしたリスクを回避した上で、経験談、経験則の持つ臨場感や具体性を生かしましょう。

経験談ブログと科学的研究

経験談や経験則について、最後にもうひとつ注意喚起をしておきたいと思います。

発達障がいのお子さんを持つ親御さん、不登校になった子どもの親御さん、もしくは当事者である子ども自身が、ブログなどの形で、その経験談をインターネット上に披露しているケースが多々見受けられます。

日常を淡々と記録する人もいれば、わが子の行動に発達障がいを疑い、医療機関に行って告知を受けるまでの流れ、支援を受ける日々のこと、学校や行政とのやりとりなど、赤裸々に記録しつつ、そのときの思いやつらさ、または日々感じるささやかな幸せなどが書かれている場合もあります。

こうしたリアルな経験談は、発達障がいや不登校の子どもを持つ保護者にとって重要な情報源だと思います。そうした経験談を必死になって読み、その人たちの意見に影響を受けるのですが、それが時として危ういことを知っておいてほしいのです。

ここまで読んでくださっている方は誤解しないと思いますが、こういう経験談を否定しているわけではありません。発達障がいや不登校の子どもの親の経験談は、ブログにあるような細かなところまでは詳しく聞くことができないので、十分にレアであり、情報の価値があるのは事実です。しかし経験談はケーススタディーに過ぎないため、それを一般化して自分のケースに当てはめるのは危険が伴います。そこに注意しなければなりません。

もちろん、危険を伴うという前提でも情報が欲しいのは事実です。だとしたら、どうすべきか……。そういうときこそ、科学の出番です。

ケーススタディーが「科学的根拠（エビデンス）がある」と言いにくいことは、すでに説明しました。「科学的根拠（エビデンス）がある」と言うためには、偏りなく情報を収集し、科学的事実や因果関係を明らかにしなければなりません。

「科学的根拠がある」ということは、偏りがなく、再現性が高いことを意味します。前に紹介したシステマティックレビューまでいかなくても、ケーススタディーやケースシリーズよりエビデンスレベルが高い情報はたくさんあります。こうした情報を十分に利用すべきです。

では、エビデンスレベルの高い情報はどこにあるのでしょうか？　残念ながら日本ではそれほど多くないのですが、それでも国の研究所、大学、大学附属の研究センターなどでは、質の高い情報が紹介されています。もちろん大学の先生や医師など専門家と呼ばれる人々は、そうした情報を持っている可能性が高いです。

ですので、エビデンスレベルの高い情報を得た上で、さまざまな経験談や経験則にふれることをお勧めします。

真実 5

経験則は使っていいときと
そうでないときがある

Point

□経験談や経験則には、語る人に付随した価値がある。
　また感覚・感情に訴えかける臨場感がある。

□ただし、経験談や経験則はケーススタディーでしかなく、
　エビデンスレベルは最も低い。

□ケーススタディーは、レアなケースで力を発揮する。

□経験則は、本来因果関係のないところに注目し、
　勝手に関係性を見いだしている場合があるので、注意が必要。

□経験談や経験則は、その限界を理解した上で使うことが望ましい。

□レアなケースでは、経験談や経験則を参考にすることには意味があるが、
　それを一般化したり自分に当てはめたりするのは危険がある。

□エビデンスレベルが高い情報を得ることが重要。

真実 6

「子どものやる気が問題だとする考え」が問題

さとり世代の子どもたち

「さとり世代」という言葉を初めて聞いたとき、誰が考えたのかうまい表現だなと思いました。この呼称がどこまで周知されているかわかりませんので、簡単に説明します。

さとり世代とは、何でも悟ったかのようなフラットな態度をとる若者たちを指す言葉で、主に「今どきの若者は向上心がない」「意欲が感じられない」などという批判とともに使われているようです。「最近の若者は、どこに『やる気スイッチ』があるのかわからない」などと嘆くおじさんもいるようです。

どうやら、「最近の若者は意欲がない」のだそうです。ですが、こうした言葉は以前にも聞かれていて、今のおじさん、おばさんが若者だったときも「新人類」と呼ばれたものですし、いつの時代にも繰り返されることのように思えるのです。

そして、そのときいつも話題になるのは「やる気」です。「向上心」「情熱」などの言葉に置き換わることもあります。若者だけでなく、子どもたちに対してそういう評価をする場合も多いようですね。「今どきの子ども（若者）は……」というお決まりのセリフの中で、子どもの意欲・やる気について語られるのですが、そこで共通するのは「やっぱりやる気が大切なんだ」ということのように思います。

しかし「やる気」とは何でしょうか。大切なもののように思えますが、本当に今どきの若者、子どもたちに欠けていることなのでしょうか？

行動で評価する

本書では、「心」のような〝目に見えないもの〟は扱いません。情熱、根性、やる気も見えないので（ゲームやマンガの世界のように、それらがメーターや周囲のオーラでわかるといいのですが）、とても扱いにくいです。しかし、私たちは見えないのにもかかわらず、その人のやる気を評価します。どうやって評価しているのかというと、それは簡単です。私たちは、その人の行動を見て、その行動からその人の心の持ちようであるやる気、意欲、情熱などを想像しているわけです。

気合いや根性、やる気をひんぱんに口にして、そうしたことが大切だと力説する有名人がいますが、その人が本当にそれを持っているかどうかはわかりません。過去はそうだったのかもしれませんが、今は多くの人に見られる場面ではそのように振る舞っていても、本心は「疲れたなあ」とか「やりたくないなあ」などと思っている可能性だってあります。

しかし、他人の心の問題まで扱うのは大変ですので、ここできっぱりと確認しておきましょう。私たちは、やる気（ここからは情熱、根性、意欲などの言葉を「やる気」に一本化します）を行動で評価します。具体的には、「自ら進んで何らかの活動（挑戦を伴うこと、新しいこと、困難なことなど）をすること」と定義します。

つまり私たちが子どもに対して、「あの子はやる気がない」と評価するのは、「自ら進んで何らかの活動（挑戦を伴うこと、新しいこと、困難なことなど）をしようとしない」場合です。逆に「やる気がある子ども」とは、「自ら進んで何らかの活動（挑戦を伴うこと、新しいこと、困難なことなど）をしようとする子ども」を意味します。

今の子は、本当にやる気がないのか

今の子どもたちを巡る問題のひとつに、「不登校」があります。念のために説明しますが、不登校は子どもの問題行動ではありません。ただし、子どもの発達を考えたときにはやはり問題であると考えられます。

第1章で説明していますが、子どもの発達を考えるときに大切なのは、成人期への影響です。不登校の子どもが、不登校でない子どもに比べて成人期に問題を起こすリスクが高ければ、それはやはり問題とせざるを得ません。実際に不登校の子どもは、そのまま引きこもってニート（不就労）に移行する確率や精神疾患のリスクが高かったりします。なお、不登校の子ども全員が成人期に何らかの問題を起こすと言っているわけではありません。

よって、不登校にはやはりならないほうが良いのです。そこで考えていただきたいのですが、どのような子どもが不登校になると思いますか？　そのときよく出てくる理由が、ここでテーマにしている「やる気」の問題なのです。

あの子はいつもやる気がない。自分からやろうとしない。本当に無気力で困る。そのうち不登校になるんじゃないか。実際に欠席することが多いし、学校に行くのを嫌がっている様子だ――。そんな風に語られて、そのうち本当に不登校になってしまう例が少なくありません。

そして不登校は、これだけ問題になり、さまざまな対策が取られているにもかかわらず、増加傾向にあるのです（P86参照）。不登校の子どもの中には、やる気がない子どもも（もしくはそうした傾向の子ども）が多いのではないかと思われているのは確かなのですが、それが本当なのかを改めて考えてみたいと思います。

そこで注目したのが、不登校が中学校から倍増するという事実です。さらに言うと、小学校3～4年生くらいまでは不登校の子どもはあまりいません。では幼稚園や保育園はどうでしょうか。もちろん幼稚園や保育園のときでも、いわゆる母子分離不安で登園できない子どもがいますが、多くの場合は時間をかければ解消されていきます。また、そうした子どもたちは決して「やる気がない」わけではありません。幼稚園や保育園に行くことを嫌がっているけれど、その他のことはやる気満々です。だいたい幼児期という発達段階を考えても、そこに無気力な子どもがいるとは思えません。なぜなら、子どもはエネルギーに満ちていて、何にでも挑戦したがるものだからです。

自分の子ども時代を思い出すか、小学校低学年くらいまでの子どもの様子を注意深く観察してみてください。彼らは何でもやってみたいと思っていて、やる気に満ちていませんか？　たとえ自分にとって難しいことでも、「やらせて！」と言い、実際に手を伸ばそうとします。やらせてもらえないのなら、近くで見るだけでもいいし、誰かと一緒でもいい。とにかく挑戦してみたくてたまらない。それが子どもなのです。

子どもは意欲を失ってしまっている？

たとえば、歩き始めの子どもを思い浮かべてください。それまでハイハイをしていた子どもが、何かにつかまって立ち上がります。グラグラ揺れていますが、何とか直立の姿勢を保持します。意を決して手を離して、1歩、2歩と足を踏み出すわけですが、すぐに歩けるわけではありません。転びます。そして泣きます。

でも、何度失敗しても必ず立ち上がって歩こうとします。私たち大人も、今歩いている子どももすべてそうでした。そういう経過があって初めて、人は「歩行」を獲得してきたのです。

自転車はどうでしょうか。子どものころ、自転車に乗るのはとても大きな試練だったはずです。バランスをとることが難しく、乗れるようになるまでは何度も転んで痛い思いをしなければなりませんでした。でも、ほとんどの子どもがそれをクリアし、自転車に乗れるようになっていきます。

こうして考えると、子どもたちは多くのことに挑戦し、失敗し、それでも挑戦した末にたくさんのスキルを身につけています。子どもは手を抜きません。自分の精いっぱいの力を出して、がんばるのが彼らの性質と言っていいのです。

とすると、「やる気がない子どもたちがいる」のが不思議に思えてきます。やる気がない子どもたちには、どこかでターニングポイントがあったのでは……。つまり、もともとはやる気に満ちていたのにもかかわらず、どこかでそのやる気をなくしてしまったわけで、その理由を突き詰めるのが大切なのではないでしょうか。

ABC分析で考える

では、例を挙げて考えてみましょう。ある子どもが勉強に対する意欲をなくしていたとします。先生も親も、「あの子はやる気がない」と思うのですが、どうしてそうなってしまうのでしょうか。

ここで第2章、第3章で使ったＡＢＣ分析を思い出してください。行動（Ｂ）の後にくる結果（Ｃ）で何か良いことが起こると、その前の行動（Ｂ）は起こりやすくなると説明しました。

たとえば、ある子どもが夕食の後の片付けを手伝ったとします。すると、お母さんから「ありがとう」と言われます。つまり「片付けを手伝う」が行動（Ｂ）で、「ありがとう」と言われたのが結果（Ｃ）になるわけです。この場合、「ありがとう」と言われるのが、その子どもにとってうれしいことであれば、「片付けを手伝う」という行動（Ｂ）が起こりやすくなります。このように「片付けを手伝う」行動（Ｂ）が起こりやすくなるということは、その行動を自分からするということ。つまり片付けを手伝うことについての「やる気」が育ったことを意味します。

私たちの行動（Ｂ）は、こんな風に結果（Ｃ）によって起きやすくなったり、起きにくくなったりします。ここでその行動（Ｂ）が起きやすくなる状態を「やる気がある」として、起きにくくなることが「やる気がない」となります。

その考えで、子どもたちの行動を見てみましょう。歩き始めの赤ちゃんが、転んでも転んでも一生懸命歩こうとし、そして歩けるようになるのはなぜでしょうか。どうして転んで痛いという悪い結果（Ｃ）が出てくるのに、歩こうとするという行動（Ｂ）は、何度も起こりやすくなる（やる気になる）のでしょうか。少し考えてみればわかりますよね。

良くない結果（Ｃ）である「転ぶ」「痛い」ということよりも、良い結果（Ｃ）のほうが大きいからです。たぶん少しでも歩くと、まわりにいる大人が大喜びします。抱っこしたりほめたりしてくれます。そして何よりも、本人が「歩けた！」という達成感を得ます。それらがすべて良い結果（C）となり、前の行動を起きやすくします（表23）。

自転車の練習もそうですね。転んで痛い思いをしても、自転車に乗れることの喜びのほうが大きいでしょう。自転車でシューッと走れたときの爽快感は、大きな感動をもたらします。だからがんばって練習するのです。

そうして考えると、「意欲がない」という現象がどうして起こるのかもはっきりしてきますね。行動（B）したにもかかわらず、良い結果（C）が起きていないこと、これまで起きなかったことが原因だと考えられます。

やる気がなくなるメカニズム

勉強にやる気がない子どもが、すべてのことに無気力なわけではありません。インターネットやゲームなどには一生懸命かもしれませんし、ご飯を食べる、寝る、テレビを見る、そういうことにはやる気がある可能性も高いでしょう。不登校の子どもは、確かに学校に行くことについての意欲はないですが、家で過ごすことについての意欲はあるわけです。

こうして考えると見事です。子どもが「やる気がない」と言われるのは、だいたい良い結果が起こりにくいことなのです。子どもがやる気があると思われることは、何か良い結果がしっかりともたらされているのではないでしょうか。

表23 ●

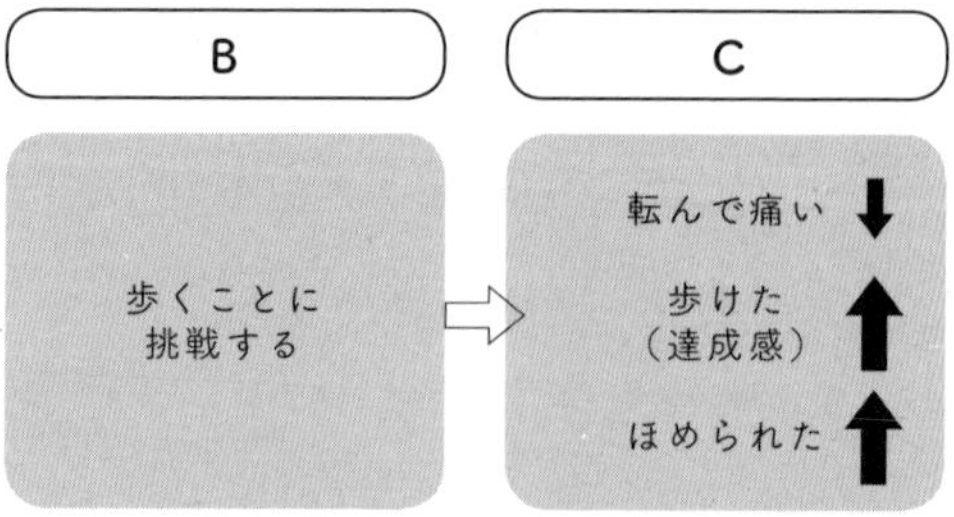

さて、このABC分析で「勉強」を考えてみましょう。「勉強する」が行動に入ったとして、どのような結果が引き起こされるでしょうか。

考えてみると、結果に「成績が上がる」とか「テストで良い点を取れる」と入れることは難しそうです。なぜなら、「勉強する」という特定の行動がすぐに「成績が上がる」「テストで良い点が取れる」などの結果と結びつかず、どうしても時間がかかるからです。しかも「勉強する」という行動を繰り返しても、「成績が上がる」という結果が得られない可能性だってあります。むしろ「勉強する」行動を繰り返しても、なかなか「成績が上がる」「テストで良い点がとれる」などの結果に至らないことのほうが多いわけで、そうなると「勉強する」という行動をしたにもかかわらず、「成績が上がらない」どころか、「成績が下がる」とか「テストの点が期待通りではなかった」などという良くない結果に行きつくことになります。これでは「やる気」が出なくなるのも不思議ではありません（表24）。

ここでは、「勉強する」という行動を取り上げましたが、子どもたちがやる気がないように見えることのほとんどが、良い結果に結びつけることが難しい活動のようです。「スポーツをする」もそうですし、「学校に行く」もそうです。大人たちは、子どもたちを困難なことに挑戦させたいと願うわけですが、困難なことは（当然ながら）がんばってもすぐ良い結果に結びつくとは限りません。つまりやる気がなくなるのは必然だと言えるのです。

表24

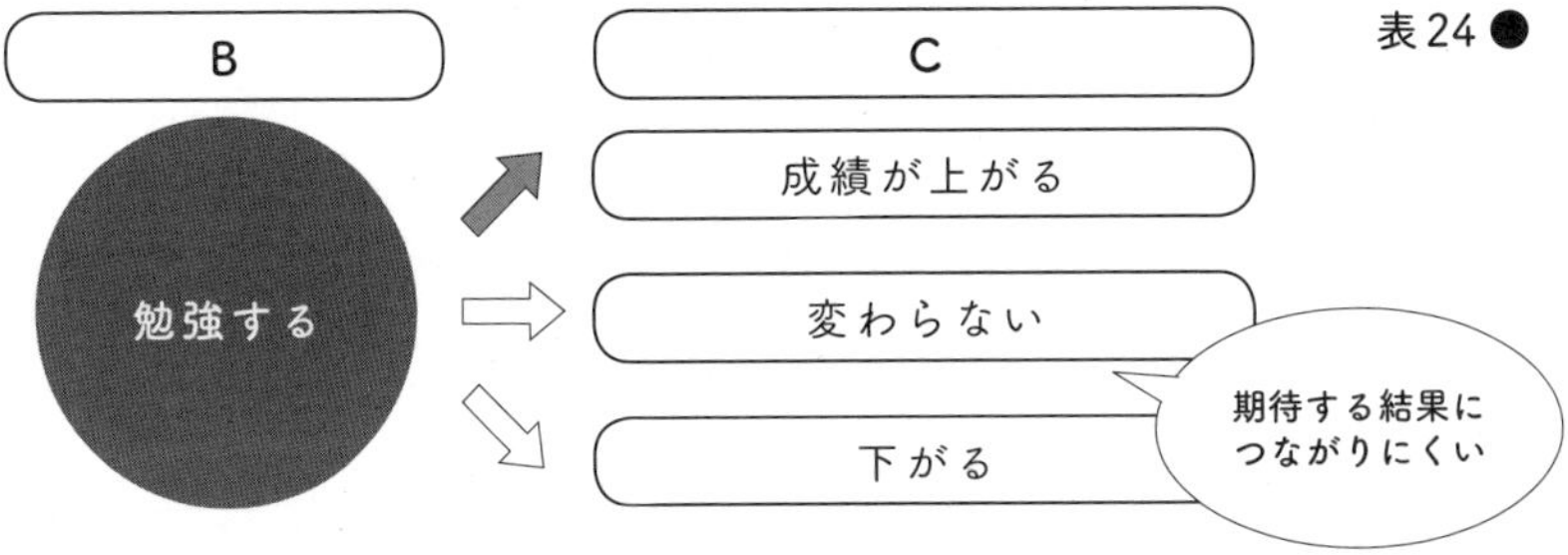

「学習性無力」という怖い話

ゲージの中に1匹のマウスがいたとしましょう。そのゲージにはレバーがひとつあります。ここで、そのマウスにはちょっと気の毒な実験をします。

マウスがいるゲージの床に、突然ビリビリッと電気を流してみます。そうするとマウスは痛みを感じ、驚いてぐるぐると回ります。ただしレバーには仕掛けがしてあって、それを下げるとビリビリが止まるようになっています。

マウスは当初、どうしていいかわかりません。ですが、偶然レバーを下げたときにビリビリが止まると、それをあっという間に学習します。「ビリビリ→すぐにレバーを下げる」という行動が身につくのです。これを、念のためにABC分析で整理しておきましょう（表25）。

先行条件（A）に「ビリビリッと電気が流れる」が入ります。行動（B）が「レバーを下げる」です。そうすると結果（C）は「電気が止まる（痛みがなくなる）」となります。嫌なこと（電気が流れる）が、行動（レバーを下げる）によってなくなるので、マウスにとっては良いことが起こります。ですから、この「レバーを下げる」という行動は定着します。

ここで、マウスにはさらなる不幸を経験してもらいましょう。今度は、ビリビリが流れているときにレバーを下げても、ビリビリが止まらないようにします。レバーを下げても下げなくても、一定期間のビリビリを経験しなければならない、そういう風に仕組みを変えてしまうのです。すると、マウスはどうなると思いますか？

ABC分析で言うと、先ほどの結果（C）が変わって、新しい結果（C´）として「電

表25

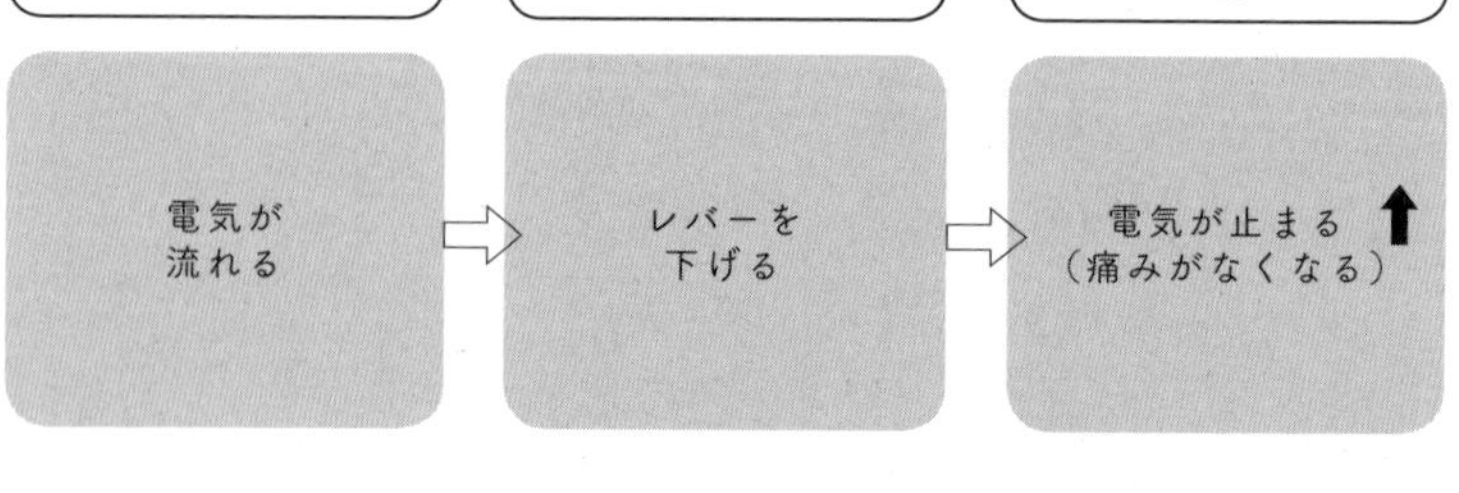

気は止まらず、変わらない」という結果になります。そうすると行動「レバーを下げる」ことをしてもしなくても、結果は変わらないということになりますね。

自分がマウスだったらどうするだろうか、と考えると、だいたい想像がつくはずです。最初は電気が止まらなくても、一縷《いちる》の望みをかけて、マウスは一生懸命レバーを押します。もちろんそれでも何も変わりません。するとどうなるかというと、マウスは何も行動しなくなるのです。

ビリビリッと電気が流れても、マウスは平然としています。レバーを下げてみることすらしなくなってしまいます。ここまででもいろいろと考えさせられるのですが、この実験には続きがあります。

そうやって動かなくなったマウスのゲージにあるレバーの設定を変えて、再びレバーを下げると電気が止まるようにします。そうすると、どうなると思いますか？　マウスは再びレバーを押すようになるでしょうか。

もちろん、そうはなりません。一度やっても無駄だと学習したことを変えるのはとても大変で、通常はいくらレバーの働きを戻しても、マウスの行動はもとのようになりません。これを「学習性無力」と言います。

サーカスの象の悲しみ

この学習性無力の例として、サーカスの象の話をする人もいます。サーカスの象は、ふだんはサーカスの片隅にいるのですが、その足には鉄の輪がはめられていて、逃げられないようになっています。ただしよく見てみると、その鉄の輪は象の体や力から考えると小さくて弱々しいのです。大人の象が本気を出せば、簡単に壊れてしまいそうなのですが、象はそういうことをしないそうです。

サーカスの象はやさしいから、人間に慣れているから、などという説もありますが、じつは違うのではないかという話があります。

その象が、まだ子象だったときのことです。子どもですから、遊びたいし動き回りたい。しかしサーカスの象にそのような自由が許されるはずもなく、当然、足に鉄の輪をはめられます。子象は暴れますが、子象の力では鉄の輪を壊すことはできません。そして——、この子象は学習性無力状態に陥ります。「どんなに暴れても鉄の輪は外れない」という学習を子象のときにしてしまうのです。レバーを下げてもビリビリが止められないと悟ってしまったマウスと同じように。その学習の効果は、子象が立派な大人の象になってからも保たれていて、結果として「本気を出せば外すことができるであろう鉄の輪を足にはめられている、おとなしい象」ができあがります。

悲しい話ですね。

そして私たち自身も、じつはサーカスの象ではないかと考えさせられます。この社会に飼いならされ、挑戦することが無駄だと知らされ、子どものころの失敗体験に支配されているのではないか……。

人生は挑戦の連続です。変化への対応に満ちていて、いつも新しい何かに直面します。そのときサーカスの象と同じであるとするならば、その人の可能性はどうしても小さくなってしまうとしか言えません。

子どもたちも同じです。未来を開く子どもたちを、サーカスの象にしてはならないと思うのです。

失敗体験を与える必要はない

ここまでの話を受けて、明確にしておきたいことがあります。それは、大人が子どもに失敗体験をわざわざ与える必要はないということです。

もちろん「失敗から学ぶことが大切」という考え、「人生に失敗はつきものなんだから、失敗体験を与えて耐える力をつけたい」という思いがあることは承知しています。その考えや思いを理解できないわけではありませんが、それでもなお、失敗体験を大人たちがあえて与える必要なんてありません。

理由は明快です。「子どもに失敗体験を与えたほうが良い」と考える人とまったく同じで、「人生には失敗がつきものだから」です。私たちがそうであったように、子どもたちの身のまわりには失敗体験ばかりがあるものです。大人になったら忘れてしまうのかもしれませんが、子どもたちはいつも失敗体験にさらされています。

具体的に考えましょう。歩き始めのとき、まったく失敗せずに歩けるものでしょうか？　いいえ、そんな子どもはいません。どんなに運動神経に恵まれた子どもでも歩き始めは大変で、転んでは立ち上がり、立ち上がっては転びの繰り返し。すなわち失敗体験を通して「歩く」という運動を学びます。

言葉はどうでしょうか。いきなり大人と同じようにしゃべれる子どもはいませんから、みんな試行錯誤（失敗体験を通して学ぶ）を繰り返します。

子どもは弱者であり未熟であるがゆえに、自分が「周囲の人よりできない」ことを前提に、失敗体験を通して学ぶことを繰り返します。考えてみればすごいことで、子どもたちの生きる力、エネルギーを感じます。

ただし、それでも失敗体験はきついものです。自分が子どもだったころ、ちょっとした失敗を恥ずかしく思ったことを覚えていませんか？　そして大人になった今、子どもたちの「子どもらしい失敗」に笑顔を向けることはないでしょうか。もちろんそれは愛ある笑顔なのですが、子どもたちは時として、その笑顔に傷つき、恥ずかしく思う場合があります。

つまり、子どもの成長には失敗がついて回ります。大人だってそうでしょう。新しいことに挑戦するたびに、私たちは失敗に直面しなければなりません。そんなに失敗ばかり体験しているというのに、さらに子どもたちに失敗体験を与えなければならないというのでしょうか。

むしろ彼らがいつも体験しているであろう失敗による傷を癒やし、「やればできる」

という感覚（成功体験）を意図的に与えるほうが良いのではないでしょうか。一度意欲を失ってしまうと、サーカスの象さながらに、深刻になる可能性があるからです。

困難なことに対してやる気を持たせるには

もちろん、困難なことに挑戦しようとする気持ちは大切です。だから大人たちは、子どもたちのやる気を重要視します。そして困難なことでなくても、世の中は失敗する可能性が高いことで満ちています。

よく子どもたちに「夢を持つことが大切だ」と言いますが、夢はそう簡単にかなうものではありません。夢を持つことは、夢破れたときのリスクを抱えることでもあるのです。

ひと筋縄ではいかないこの世の中を生きる子どもたちに対して、どのようにすればやる気を持たせ続けることができるでしょうか。そして、困難なことに立ち向かう勇気や挑戦する気持ちを育てるにはどうしたら良いのでしょうか。

この問いは難しそうに見えるのですが、じつはとても単純です。私たちが、子どもたちの「挑戦」そのものに対して評価をすれば良いのです。ここがとても大切なところなので重ねて言いますが、大人は子どもたちの「挑戦した結果」を評価するのではなく、「挑戦する行動」そのものを評価すべきだということです。

子どもが自転車の練習に取り組んだとします。前述の通り、自転車に乗れるようになるのは難しいことです。たくさん転びますし、なかなかうまくいきません。そのときに、その場にいる大人は「バランスが悪いんだよ！」とか、「ほら、また転ぶ。転ばないように気をつけて!」と言いがちですが、そうではなく「そう、そのがんばりがすばらしい」「こういう工夫をしているんだね!」のような声かけをしてください。転ぶこと(=失敗すること)をとがめないで、失敗してもあきらめずに挑戦するという態度そのものを評価します。

中学生以降の学力テストもそうです。テストの点数に一喜一憂し、テストの点が悪いこと、もしくは十分な成果が出なかったことに注目するのではなく、その前の段階でどれだけ努力したのかを評価します。挑戦する姿勢そのものがすばらしいという態度をとりましょう。もちろんそれが少しでも結果に結びついたら一緒に喜べばいいのですが、大切なのは「困難なことに立ち向かう姿であること」を強調するわけです。

簡単なことに思えるかもしれませんが、これが意外に難しいもの。なぜならば、十分な結果が出ていないことのほうが大きく見えてしまい、その子なりにがんばっていたのにもかかわらず、「十分にがんばらなかったから結果に結びつかなかった」「結果が出ていないから意味はない」などの論理を振りかざしたくなるからです。実際、大人のほうが結果が出なかったことに対して、子ども以上に落胆しているのでしょう。

でも子どもの一生を考えたとき、挑戦する気持ちや困難なことに立ち向かう態度のほうが、ずっと大切なはずです。子どもたちは失敗体験ばかりしているのですから、それを強調しすぎるとサーカスの象のようになってしまうかもしれません。

「挑戦した結果のみ」を
評価すると
困難なことを
前にするとやる気を
なくしてしまう
「挑戦する行動」
そのものを
評価すると
挑戦することの
大切さを学ぶ

やる気を持たせられないことが問題

何か困難なことを前に、やる気をなくしてしまう子どもは少なくありません。さほど困難だと思えないことにも、やる気を見せず、無気力・無関心な態度をとる子どももいます。

そのときに、つい「この子はやる気がないからいけないんだ」と子どものやる気の問題にしたくなりますが、そこで考えてみるべきです。子どもはもともとやる気に満ちた存在であること。しかし世の中は困難なことであふれていて、努力がそう簡単に成果に結びつかないこと、そのため失敗体験を積みがちで、中には学習性無力状態になってしまう子どもがいることなどを……。

それに、子どものやる気を問題視したところで意味はありません。やる気の問題にした時点でかえって袋小路に入り、どうにもできない状態になってしまいます。むしろ、やる気を出させる仕組みを提供できなかった大人の側の問題であると考えたほうが良いと思います。不登校も同様です。不登校になってしまった子どもを問題視するのではなく、不登校にさせてしまった学校や教育のあり方について考えるべきでしょう。

では「やる気」を出させる仕組みとは何でしょうか。これは私たち自身のこととして考えれば、おのずとわかってくることです。

あなたが自分から「やりたい」と思うことは何でしょうか？　自分がやってみたいと思うこと、つまり興味があったり得意だったりすること。できるだろうなと思える、すなわち成功の可能性があると思えること。できないかもしれないけど、できないならできないなりに楽しかったり意味があったりするだろうと思えること。

子どもも同じです。やる気がないと子どもを責める前に、こちらの側がやる気を持たせる仕組みを提供できていないのだと考えるべきです。

学習性無力に陥っている子どもだって、やる気がないように見えてもその子なりにやる気になれること（好きなこと、興味があること、簡単で楽しいこと）があるはずです。そのとき、結果ではなく「挑戦すること」そのものを評価することにより、次のやる気を育てていくことができるでしょう。

Point

真実 6

「子どものやる気が問題だとする考え」が問題

□心の状態は見えないので、「やる気」を行動として評価しなければならない。

□子どもはもともと意欲に満ちた存在。その子どもがやる気を失ったのは、どこかにターニングポイントがあった可能性が高い。

□子どもがやる気がないと言われがちなこと（たとえば勉強）は、努力がすぐに良い結果に結びつきにくいもの。

□「がんばってもうまくいかない」という経験を積むと、学習性無力状態になってしまう。

□人生には失敗がつきものだからこそ、わざわざ失敗体験をさせる必要はない。

□結果ではなく挑戦した行動そのものを評価すれば、良い結果に結びつきにくいものでも挑戦できるようになる。

□子どもたちがやる気を持てないのは、大人がやる気を持てる仕組みを提供できないから。

真実 7

思春期はリスクがあるが、おもしろい

思春期が怖い親たち

親が心配することのひとつに、子どもの思春期問題（※）があります。娘を持つ父親だと「今は娘が自分になついているけど、いつから父親を避けるようになるのだろうか」と考えますし、息子を持つ母親だと「今はかわいい息子がいつから自分に反抗するようになるのだろうか」と心配します。

思春期＝反抗期ですし、思春期＝第二次性徴期でもあります。今まで「かわいい子ども」だったのが、「大人になろうとする」不安定な時期を迎えるのです。性差が顕著になり、それに伴ってさまざまな問題が明らかになるように思われます。

実際、嫌なニュースはたくさんあります。最近では、友達を殺してしまったとか、親や祖父母を傷つけたとか、覚せい剤を使っていたとか……深刻な事件が増えています。不登校が倍増するのは中学校ですし、いじめによる自殺も思春期に起こることが多いようです。

そこまでいかなくても、思春期になるとおかしくなる子どもはたくさんいます。親に隠れてコソコソ奇妙なことをしている、親が知らない人間関係ができる、大人の友達がいる、親が知らない趣味を持っている、引きこもる、暴力的になる、しゃべらなくなるなど、いろいろあるでしょう。

親というものは誰でも、わが子がいつか変わってしまうことを知っていますし、それを本能的に恐れているのです。なぜかと言うと、親自身がそういう思春期を過ごしてきたからです。

子ども時代、親と一緒に楽しい時間を過ごした記憶がありますよね？　旅行に行っ

※ここでの「思春期」は、10〜20歳くらいまで（小学校高学年〜大学生）を指す。もちろん個人差がある。

た、一緒に遊んでもらった、スポーツを教えてもらった、宿題を手伝ってもらった、といった思い出です。あまり楽しい思い出はないという人でも、ささやかな幸せを感じたようなことなら何か見つけられるのではないかと想像します。

それが思春期のころから、徐々に変化していきます。親とケンカした、反抗的態度をとったということもあるでしょうし、何らかの形で親に迷惑をかけたという記憶がある人もいます。それどころか、親との接点がほとんどなくなったというケースもあるでしょう。中には、親子関係が難しかったという以前に、自分自身がさまざまな面でかなり不安定だったという人もいるかもしれません。

「やんちゃする」という言い方がありますが、万引き、喫煙、飲酒、異性との不適切な交際、無免許運転、バイクによる暴走、さらにはもっと深刻な犯罪行為に走ったという人もいると思います。逆に不安や恐怖ばかり感じて、生きていることの難しさ、将来への不安に押しつぶされそうになった人。自分が生きている意味を見いだせず、自殺を考えた、もしくは実際にリストカットをした、などという人も珍しくありません。

いやいや、そういうことはなかった、そんな風に不安定にならなかったという人もいるでしょうが、それでも思春期は難しい時期です。子ども自身が、自分や社会の現実に向き合わなければならなくなるのですから……。

たとえば学力のことです。小学校のときも、勉強ができる子／できない子がいました。ですが、中学校になると学年での順位が示されるようになります。高校受験があり、成績による選別がされることがわかり、自分の力が他との比較により明確にされます。自分が将来の夢だとしていたことが無理だとわかってくる場合もありますよね。

こうした選別は学力だけではありません。スポーツを一生懸命やっていた子どもたちもそうです。小学校時代、クラスの中でもサッカーが上手で、将来は日本代表に入ることを夢見ていた少年がいたとしましょう。確かに彼はサッカーが上手なのですが、思春期に入るとさすがにわかってきます。自分はサッカーが好きで上手だけれど、それは自分のまわりの小さな世界だけのこと。日本には自分よりずっとうまい少年がたくさんいて、自分よりもっと努力をしているということ……。みなさんもそういう思い出がありませんか？

思春期は、言わば子ども時代の終焉です。そして、大人として「生まれ直し」をする時期でもあります。だからこそ、不安定になったり苦しくなったりするのです。親は自分の経験としてそういうことを覚えているので、怖くなるのも仕方がないと言えるでしょう。

思春期とは何か

思春期は変化のとき。

親が怖がるのも当然ですが、どの子どもにも必ずやってくる（こないと困る）のが思春期です。怖がるばかりではどうしようもないので、思春期とは何か、その正体を明らかにしてしまいましょう。

まず思春期の根底に流れるのが、体の発達とその大きな変化です。男の子は男の子らしく、女の子は女の子らしい体つきになり、同時に性的欲求が高まります。日本の場合、性教育が十分でないことが多いので、思春期になって初めて生々しい性の現実にふれる子どもがほとんどだと思われます。

こうした変化は、心の発達にも大きな影響を与えます。発達心理学は、この思春期の心の発達についてさまざまな解説を試みていますが、ここでは有名なところで、アメリカの心理学者エリクソン〔1902-1994〕による発達段階（表26）を見てみることにしましょう。

エリクソンは思春期を「アイデンティティー確立の時期」ととらえています。アイデンティティーとは「自我同一性」と訳され、アイデンティティーの確立とは「自分がユニークな存在であること」「自分が何者であるのか」を理解することを指します。よくある言葉にするならば「自分探し」ということです。

この「アイデンティティーの確立」は、複雑な心理発達の産物です。細かく説明すると、まず小学校の高学年くらいで「メタ認知」が発達します。メタ認知とは、自分自身を客観的に見ることです。自分を他者（友達）との関係の中で認識し、他人から自分がどのように見られているのかを考えるようになります。

性的関心も高まってきますから、自分が異性からどう思われているのかが気になり始めます。身近な同性からモデルを探し出し、その人を真似するようになります。そのモデルが親であることもありますが、そうではないことも多いでしょう。映画やテレビの世界の人だったり、フィクションの世界に生きる架空の人物だったりします。

そうなると当然、自己評価が変わります。それまで自分中心に世界が動いていたのが、そうではないことに気づき、自分自身の小ささに愕然とします。自分も他の生物と同じく、死ぬことが運命づけられていることに気づき、怖くなるのです。

一方、人間関係も広がります。中学生から高校生にかけて、親の知らないところで

表26

発達段階	年齢	時期	課題	危機
第1段階	0～1歳半	乳児期	基本的信頼	基本的不信
第2段階	1歳半～3歳	幼児期前期	自律性	恥と疑惑
第3段階	3～6歳	幼児期後期	積極性	罪悪感
第4段階	6～13歳	学童期	勤勉性	劣等感
第5段階	13～22歳	思春期・青年期	自我同一性	役割混乱
第6段階	22～40歳	成人期前期	親密性	孤立
第7段階	40～65歳	成人期後期	世代性	停滞
第8段階	65歳～	老年期	統合性	絶望

新たな人と知り合い、親のフィルターを通さない、いわば生の情報を得るようになります。そうした雑多な情報の中で新たな価値観を知り、理想を語ったり夢を描いたりします。

そんな風に自分の小ささに押しつぶされそうになりながらも、何とか自分を立て直し、将来に夢を抱きます。社会の現実を知った上でなりたい自分を具体的に考え、自分の良いところと苦手なところを意識し、挫折を経験したり、精神的な強靱《きょうじん》さを身につけたりするのです。

これらはもちろん一度にできることではなく、長い時間をかけて、時には落ち込んだり逆戻りしたりしながら、少しずつ悩み苦しみ、考えながら成長していくわけです。

みなさんもそうではありませんでしたか？　感受性が強く、いろいろなことに傷つき悩んだのではないでしょうか。時にはまわりも（自分も）驚かせるような大胆な行動をすることもあれば、臆病になって、親さえも信じられないと苦しんだのでは……？

思春期は、本人にとって苦しいものです。そして、苦しんでいる子どもを見守る親にとっても苦しい時期なのかもしれません。

夢つぶしの時期

思春期を「夢つぶしの時期」と呼ぶ人がいます。子どものころに抱いていた夢をあきらめざるを得ない時期であることを指すのですが、その言葉の響きの何と切ないことでしょうか。

なぜなら、私たち大人は、いつも子どもたちに「夢を持ちなさい」と言っているからです。「夢を持て」と言いつつ、現実世界では「夢はそんなに簡単にかなうものではない」「夢ばかり見ていないで現実を見なさい」などと言う。そんな矛盾が大人の側にあるのは事実ですよね。

同じようなことが、「個性豊かに生きなさい」という言葉にも起きています。日本の文化にはとくにそういう傾向があるのでしょうが、実際には集団への適応や和の精神が重要視されます。つまり「個性豊かに」と提唱しておきながら、個性的すぎると抑圧され叱られてしまうんですね。これも大人の世界の矛盾と言っていいでしょう。

ですが、現実の世界はそんなものです。夢を持てと言いつつ、現実を見ろと諭《さと》す。個性を生かせと言いつつ、組織を大事にしろと指摘する。同じように、お金よりも大切なものがあるとしつつも経済が重要なのは事実ですし、細部へのこだわりが大切と言いつつ、大局的にとらえなければいけないことも多いはずです。

どう考えても複雑で、単純化することが難しいのがこの世の中。そして思春期の時期こそ、こうした世界の複雑さに直面し、大人の社会が持つさまざまな矛盾に苦悶するときだと言えるでしょう。実際問題として、思春期の子どもたちは「夢つぶし」という現実に直面します。その苦しみは、「自分が描いてきた夢」を実現させることが非常に困難であるという現実を認識することから始まります。

もちろん自分が描いていた夢がかなえられる非常に幸運な子どももいることでしょうが、ほとんどの子どもが——それを大人に言うか言わないかは別にして——自分の夢をあきらめざるを得ない、もしくは変更せざるを得ない状況に追い込まれます。

そんなとき、あなた自身はどのような行動をとったでしょうか？　あっさりと夢をあきらめてしまう子どもがいます。現実世界の厳しさにつぶされてしまい、そこから逃げようとすることもあります。不登校、非行、インターネット世界への依存などが見られる子どもの中には、一定数そういう層がいる可能性が高いでしょう。

夢をあきらめきれず、ジタバタする子どももがいます。違うやり方を考える、何かに頼る、現実世界の厳しさを知りながらも、それまでと同じかそれ以上の努力を続けるタイプです。

スポーツや音楽でプロを目指す人の中には、親の協力を取りつけ（親も子どもの夢に巻き込まれていたり、むしろ親の夢が子どもに投影されていたりすることもあります）、たくさんのお金を払って留学したり有名な指導者の指導を受けたりすることもあるようです。

「あきらめなければ夢はいつかかなうはず」と思い込み、すべてを犠牲にしてその夢に邁進《まいしん》します。「夢つぶしの時期」だからこそ、夢にこだわり、全身全霊を賭けてしまうんですね。これも思春期の怖さのひとつではないでしょうか。

夢を追うことのリスク

夢を追うことにはリスクが伴います。もちろん夢の種類によっても違いますが、プロのスポーツ選手になりたいとかプロのミュージシャンになりたいといった夢は非常にリスクが高いことを覚えておくべきです。

ある子どもが「プロ野球選手になりたい」という夢を抱いたとしましょう。もともとそれなりの才能があって、たとえばお父さんも高校球児だったとか、両親ともにスポーツに秀でていたとかそんな背景があり、遺伝的にも環境的にも優れていたとします。

当然、幼少期から才能を発揮します。スポーツ万能で、親も一生懸命スポーツをやらせます。少年野球のチームに入るとすぐに実力を見せ、年長者を追い越してエースで四番打者になります。その地域では有名人になり、中学になるころには、本人の夢も親の夢も、彼がプロ野球選手になること……となりますが、これをどう思いますか？この場合、彼の夢はかなうでしょうか。

もちろんかなうかもしれません。事実、彼のように才能があるわけでも環境に恵まれているわけでもない、いわゆるふつうの子どもに比べれば、かなりのアドバンテージがあるように思います。

しかも彼は、一日の大半の時間とエネルギーを野球に費やし、まじめに努力します。周囲の人たちも、彼の「プロ野球の選手になる」という夢をかなえてやりたいと応援するようになり、それによってさらに夢が現実になる可能性が高まるのですが、それでもその確率はまだまだ低いと言わざるを得ません。

世の中には、たくさんの野球少年が存在しています。彼のように才能があったり環境に恵まれていたりする子どもだって少なくはないでしょう。でも、そのうちどれだけの人がプロ野球選手になれるのでしょうか。

さらに、プロ野球選手にさえなればＯＫというわけでもないのがまた難しいところです。彼が夢見ているのは、「プロ野球選手になったけれど、いつの間にか消えてしまう人」ではなくて、「プロ野球選手になって、レギュラーの座を獲得して活躍し続ける人」です。そうすると、その確率はさらに下がってしまうことでしょう。つまり、いくら才能があって環境に恵まれたとしても、夢が実現する確率は本当に低いのです。

しかもその確率を高める方法もわかりにくいですよね。単に才能があるだけではダメで、そのときの巡り合わせ（入った高校の野球部、監督、チームメート、プロ野球のスカウトとの相性など）、つまりは「運」でも変化します。もちろん悪いほうの運もあって、ケガをしたり悪い友達との関係ができたりしかねません。練習のしすぎでダメになってしまうこともあります。

残念なことに、この社会は思春期の子どもにとって非常にわかりにくく、同時に不合理にできています。がんばれば必ずうまくいくわけでもないですし、逆にがんばらなくてもうまくいってしまう人もいますから。

もっと言うならば、「夢をかなえようと必死になること」は、その他の選択肢を捨てることを意味します。先ほどのプロ野球選手を夢見る子どもの例で説明しますと、夢を追って野球に賭けるということは、「それ以外のことはできない」ということでもあります。つまり朝から晩まで野球の練習をするとなると、他のことに興味を向けたり勉強する時間がなくなるのです。そうすると、野球はできるけれど、他のことは本当に何もできない（やったことがない）人ができあがります。

いつだったか、プロ野球で戦力外になった人の話を聞いたことがありますが、彼は野球選手を辞めていわゆる普通の就職をしようとしたときに、愕然としたそうです。自分にパソコンで基本とされるスキル（文章を書く、プレゼン資料を作る、計算をする）がないばかりか、社会人が通常求められるマナーすら身についてなかったのですから。

こうやって夢を追いかけることには大きなリスクがあるのですが、それに気づかないことが多いものです。第2章で説明した通り、「生存バイアス」というものがあります。私たちの耳に届くのは、夢を追いかけて成功した人の話ばかりなのです。

思春期の脳

思春期は本当に大変な時期です。心身の発達から考えてもそうですし、将来の進路を決めるという面からも困難なときです。親が恐れるのも、もっともだと言わざるを得ません。

逆に言うならば、思春期さえうまく切り抜けられれば良いのです。実際に、思春期に問題を起こさなければ、その人が成人期に問題を起こす確率は限りなくゼロに近くなる、という研究もあるほどです。このような思春期の不安定さは、どこから来るのでしょうか。じつはこの問いに、脳科学が非常にわかりやすい答えを提供してくれているので、それを説明していきましょう。

まずヒトの脳は、3階建てになっていると考えてください。1階部分は、「古代の脳」「は虫類の脳」などと呼ばれている部分で、脳幹、間脳などを指します。ここの役割は、呼吸、体温、血圧、心拍の調整といった生命維持です。

2階部分は「古い脳」「ほ乳類の脳」と呼ばれる部分で、大脳辺縁系を指します。ここには海馬、扁桃体、側坐核と呼ばれる部分があるのですが、主な役割は「情動」です。こ「生きたい」という生命意欲そのままに、「食べたい」「眠りたい」「欲しい」などの欲求、

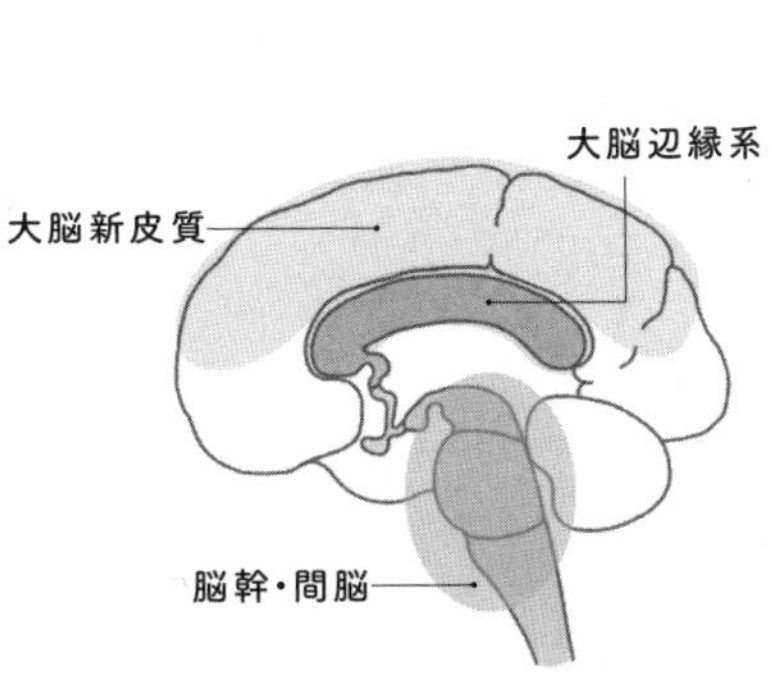

人間の脳（断面）

「怒り」「興奮」「恐怖」などの感情がわき起こるのがこの部分です。

3階部分は「新しい脳」「ヒトの脳」と呼ばれる部分で、大脳新皮質を指します。ヒトがヒトらしく生きていくのに最も必要な部分と言われています。具体的には「認知（世の中を整理してとらえること）」「言語（言葉を扱うこと）」「抑制（欲求や感情を抑えたりコントロールすること）」などの役割を担っています。

さて、ここでクイズです。赤ちゃんが生まれたとき、この3つの部分はそれぞれどのような状態にあるのでしょうか？　つまり、動いているのか、発展途上なのか、それとも動いていないのか、ということです。

まず、1階部分は動いている状態で生まれてきます。何しろ生命維持のための脳です。これが動いていないと生きていられません。

では2階部分はどうでしょう。赤ちゃんに情動、欲求はありますか？　もちろんありますよね。赤ちゃんだって機嫌の良し悪し（情動）がありますし、お腹が空いたときには欲求があることをきちんと主張します。ただし、まだまだ未分化の状態です。情動と言っても「興奮しているかどうか」「機嫌が良いかどうか」のような単純なもので、恥ずかしいとか、残念とか、うらやましいのような感情はもっと大きくならないと生まれてきません。つまり2階部分は、発展途上と言えます。

最後の3階部分ですが、これはどうでしょう？　もちろん言葉は話せませんし、理解できるとも言いきれません。認知（世の中をとらえること）については、赤ちゃんも少しは世の中の様子を理解しているようだ、という研究があります。お母さん（自分を主として養育してくれる存在）を認知し、さまざまな状況からお母さんの声、姿を予測して視線を動かしているらしいことが研究で確かめられていますが、いずれに

しても発達の初期段階であることは確かでしょう。

では「抑制」はどうでしょうか。情動や欲求をコントロールするということですが、これはなかなか難しいです。その証拠に、赤ちゃんが「今は夜中だからお腹が空いたけど我慢しよう」などとは考えないですよね。もちろん「夜中だから迷惑だ」みたいな認知もありませんし、それ以前に欲求や情動を抑制することができていません。つまり3階部分について、生まれたばかりの赤ちゃんは、ほとんど動いていないと言えます。

ところがその後、年月を重ねるうちにこの「言語」「認知」「抑制」部分がめざましく成長していきます。何歳くらいからでしょうか、クッキーが欲しいときは、お母さんに「『ちょうだい』と言わないといけない」というようなことを考え、自分の欲求を抑制できるようになるのは。いつからでしょうか、「〇〇ちゃんはかわいいから近づきたいけど、そんなことすると恥ずかしいな」などと思うのは……。

この「抑制」は大脳新皮質の機能で、「言語」に合わせて発達します。大人になってからも自分の感情をコントロールするとき、「今は怒っちゃいけない。よく話を聞かなきゃ」とか「泣きたいけど、ここで泣くのは恥ずかしいから我慢」のように（明確ではなくても）心の中で言葉を使っていることからもわかるのではないでしょうか。「子どもの脳の発達は、抑制の発達と言い換えても良い」と主張する脳科学者もいるほどです。

さて、こうした脳の発達から思春期の状態を考えてみましょう。脳そのものは非常に複雑なので、脳の発達もまた複雑です。そして思春期のときに、性ホルモンの影響から大脳辺縁系が先に発達し、大脳新皮質が遅れをとることがわかっています。

大脳辺縁系は情動や欲求の脳です。「やりたい」「欲しい」「怖い」「うれしい」「不安」などを司っています。一方、大脳新皮質は抑制の脳です。「やめとけ」「あとで」「作戦を立ててから」「落ち着いて」という感じです。

思春期の脳は、大脳辺縁系が強くて大脳新皮質が弱いのが特徴です。つまり欲求と情動が強まるけれど、それをコントロールできない脳であり、たとえるならばアクセルは効きやすいけど、ブレーキとハンドルの効きが悪い、という暴走車のようなつくりになっていると言えます。

抑制脳を育てる

思春期が大変な時期であることは事実です。心理発達からも脳の発達からも、そして現実に直面するという意味でも困難です。では、どうすればそのリスクを回避できるでしょうか。

脳の発達から考えるならば、ずばり「抑制」ができる脳を育てることに尽きます。実際、思春期の子どもの中にも、大脳辺縁系（アクセル）が元気いっぱい、次々にいろいろなことをやらかす子がいる一方で、そこそこ大脳新皮質（ブレーキ）が効いていて、不安定ながらも見ていて安心なレベルの子がいます。

もちろん個人差と言えばそれまででしょうが、後者は「抑制」ができる脳が育っているという可能性があります。そして、実際に「抑制脳」をどのように育てるのかという研究がたくさん行われています。

「マシュマロテスト」をご存じでしょうか。1960年代から行われている有名な実験ですが、簡単に説明しておきましょう。スタンフォード大学のウォルター・ミシェル〔1930－2018〕という心理学者が、「子どもは何歳ごろから我慢ができるのだろうか」という疑問を持ちました。それで就学前のわが子とその友達に次のような実験をしたのだそうです。

子どもを小さな部屋に連れて行き、机の上にその子が好きなお菓子（必ずしもマシュマロではありません）を置いて、次のように言います。

「ここにお菓子があるね。今から私は少しの間ここからいなくなるけれど、戻ってくるまでこのお菓子を食べずに我慢していたら、お菓子は2つもらえるよ」

こうして実験すると、我慢して待てる子もいれば待てずに食べてしまう子もいたのだそうです。しかし興味深いのは、そのとき実験対象になった子どもたちが思春期になったときなのです。

想像がつくかもしれませんが、マシュマロテストで我慢ができた子どもは、そうでない子どもに比べて学業成績が良かったのだそうです。また、スポーツなどで成功している子どもも多かったのだとか。

この結果は、幼児の段階にすでに「抑制」ができていた子どもは、思春期になっても「抑制」が上手であることを意味します。学力を高めるには自分をコントロール（抑制）して勉強しなければなりません。スポーツもその他のことも、何かをやり遂げるためには、さまざまな欲望（遊びたい、怠けたい）を抑制し、しなければならないことに集中する必要があります。こうしたことを「実行機能」と呼びますが（第8章参照）、これらを幼児期から身につけさせることが思春期のリスクを下げ、さらには成人期の成功を予測することができます。

ただ、このマシュマロテストの話を聞くと、次のような反応をする人がいます。

――なるほど、抑制脳が大切なのはわかったけれど、それは幼児期にはもう差があるってことだよね？　そうすると、抑制脳は生まれてから5歳くらいまでに育てなきゃいけないってことじゃないかな――

つまり、思春期に入ってからは打つ手なし。それどころか、小学生でもすでに遅いんじゃないか、という指摘です。もちろん、そう考える必要はありません。マシュマロテストはあくまでも研究であり、幼児期にマシュマロテストで我慢できた子どもすべてが成功しているわけでもなければ、マシュマロテストで我慢できなかった子ども全員の成績が悪く、成功していないわけではありません。あくまでもそのような傾向にある、ということです。ただし、こうした「抑制」の力は簡単に育てられるわけではなく、ある程度の時間がかかることを覚えておく必要があります。

具体的にどのように抑制脳を育てるかは、次章で詳しく取り上げるとして、ここでは簡単に「抑制」には「言葉」が関係していることのみを強調しておきましょう。

脳の構造のところで述べましたが、大脳新皮質の主な役割として「抑制」の他に「言葉」と「認知」があります。私たち自身もさまざまな欲求、情動（大脳辺縁系）を抑制するときに言葉を使っていることを例に挙げて説明したように、抑制のできる子どもは言葉の発達も良好です。逆に、言葉を十分に発達させるように支援すれば、抑制できるようになると言えます。では、言葉をどのように発達させるべきなのでしょうか。このことも次章で扱いたいと思います。

現実の問題を回避する

この章の締めくくりとして、「思春期の現実の問題をどうすべきなのか」について考えておきましょう。思春期の現実の問題とは、「夢を追うことのリスク」であり、他人と競わされたり、順列をつけられたりすることの影響です。

まず「夢問題」ですが、このことについてはバリエーションを持たせるに限ります。ただひとつの夢を追いかけるのではなく、保険として別の夢も用意しておく、ということです。これには縦に広げる方法と横に広げる方法があって、縦型だと次のようになります。

プロ野球選手になりたいけれど、それができなければ高校野球や少年野球の指導者を目指そう。それも難しければ、野球に関する道具を扱う会社に就職しよう……。つまり「野球」という軸を中心に縦に、段階をつけるという形です。プロの演奏家を目指していたけれど、それが難しかったから音楽の先生になりましたとか、楽器屋に就職しましたなど、実際にこのように考える人は多いものです。プロを目指していたけれど、インストラクターになりました、とか、マネージャーになってプロ選手をサポートしています、というケースもあります。

横方向に広げる場合は、「野球」という軸以外のことで探します。野球が好きだけど料理も好きだから、調理師になることも視野に入れておこうとか、音楽が一番だけど人とコミュニケーションを取ることも好きだから、人と接することができる職業を探そう、のような形です。

できれば両方とも用意するのが良いでしょう。何しろリスクは下げるに限ります。人生一発勝負だからこそ、ひとつのことに賭けすぎるのは危険です。大人も子どももしたたかに、さまざまな夢のバリエーションを用意しておくことをお勧めします。

それからもうひとつ、他と比較されることのストレスですが、このストレスの半分以上は大人が作っているように思います。いかがでしょうか？

受験戦争がその筆頭です。大人たちが偏差値の高い大学の価値ばかりを主張し、わざわざテストで順番をつけて発表するからこそ、子どもたちもそれに一喜一憂します。もちろんそうしたことも現実社会としては必要なのでしょうが、他の物差しも用意しなければなりません。

思春期を怖がるすべての親たちへ

もうひとつ、思春期を怖がっているすべての親御さんたちに良いニュースをお知らせしましょう。思春期には必ず終わりが来る、という事実です。

私たちがそうであったように、私たちの子どもたちもそうなります。個人差はありますが、脳の発達から考えると、大脳辺縁系を大脳新皮質がしっかりと抑制しコントロールできるようになるのは、平均で女性が25歳、男性は27歳くらいだと言われています。もちろん20歳を過ぎたあたりから、その子なりの大人になっていくでしょう。もちろん大人になってもさまざまな理由から不安定なままだったり、困難な状況から脱しきれなかったりすることはあるでしょうが、少なくとも思春期は終わります。思春期のころよりずっと話がしやすくなるはずです。

さらにもうひとつ。

じつは思春期こそ、子どもを変えるチャンスなのです。思春期は不安定でリスクがあって、面倒な時期かもしれません。しかし物怖じせず、発想力や感受性豊かにいろいろなことに挑戦し、がんばることができる多感な時期でもあります。つまり、人生で最も美しく輝く時期なのです。その様子を、自分たちが思春期だったころを思い出しながら、近くで支えることができる幸せというものもあると思いますが、いかがでしょうか。

真実 7

思春期はリスクがあるが、おもしろい

Point

☐わが子の思春期が怖いのは、親自身も不安定な思春期を過ごした経験があるから。

☐思春期は子ども時代の終焉である。メタ認知ができるようになり、
自己中心的な世界から脱却し、周囲との関係の中で自分をとらえるようになる。

☐心理学者エリクソンによると、思春期は「アイデンティティー確立の時期」である。
「自分探し」の時期と言い換えても良い。

☐思春期を「夢つぶしの時期」と呼ぶ人がいる。
子どものころの夢をあきらめざるを得ないことを指す。

☐夢を追うことにはリスクが伴う。ひとつのことに集中しすぎれば、
その他のことができなくなる。

☐思春期の脳はバランスが悪く、欲求と情動が強まるものの、
それをコントロールできない状態になっている。

☐思春期のリスクを回避するために、
将来の夢にはバリエーションを持たせておくのが良い。

☐思春期は不安定だが、必ず終わりの時期がくる。

☐思春期は人生で最も美しく輝く時期であり、
子どもを大きく変化させるチャンスでもある。

真実 8

成功のカギは「実行機能」にあり

抑制する脳——実行機能の働き

前章で、思春期リスクを下げるには抑制脳の発達が重要であること、抑制には言葉がかかわってくることを説明しました。この「抑制する脳の働き」を「実行機能」と言います。

実行機能……。日本語にするとなんだか不思議な言葉に思えますが、英語では「Executive Function（エグゼクティブ・ファンクション）」と言います。Function が「機能」を意味していて、Executive には「実行する」という意味がありますから、確かに実行機能で合っているのですが、Executive には「幹部」とか「高級」などという意味もありますね。Executive Function には、脳の司令塔（さまざまな脳機能を統率する役割）のような意味が含まれているので、もしかしたら英語のほうがその役割をよく表しているのかもしれません（それに何だかカッコいいですよね）。では、実行機能とは一体何なのでしょうか。

専門家によって定義は違いますが、ここでざっくりと説明するならば、「ヒトが目的的行動をするときに働く脳機能」となります。「目的的行動」とは、言葉通り何らかの目的を持って行う行動すべてを指します。

みなさんは、今この本を読んでいますが、これは目的的行動です。読もうと思って、もしくは何らかの知識を得ようとして、本を読むことを続けているからです。

読んでいるうちに、のどが渇いたとしたらどうしますか？　手元に水があれば別ですが、そうでなければ別の目的的行動を行わなければなりません。冷蔵庫に入っている水を取りに行き、それをコップに入れて飲むとか、コーヒーを入れて飲むとか、もしかしたらわざわざコンビニに行って何か買ってくる人もいるかもしれません。

その他にも目的的行動はいろいろで、どこかに出かけるのもご飯を食べるのも、料理をするのも勉強をするのも誰かとコミュニケーションをとるのも、メールをするのもテレビを見るのも、すべてそうなのです。ヒトは朝から晩まで目的的行動を積み重ねていて、逆に目的的行動でないことを探すほうが難しいくらいです。

目的的行動でないものとは、「思わず（無意識のうちに）やってしまった」とか「反射的にやってしまった」というように、意図がないものです。

さて、この目的的行動を行うときに、脳はどのような働きをするのでしょうか。目的の内容、その目的に到達するまでの長さなどによっていろいろですが、ここでは簡単に子どもが友達と一緒に遊ぶときの脳の働きを考えましょう。

ちなみに遊びの中には、目的的でないものがあります。たとえば、目の前におもちゃがあったからすぐに手に取ってみた、さわってみた、というものです。一方、目的的な遊びは、計画的だったり意図的だったりするものです。「砂場で山を作ろう」とか「友達と一緒に鬼ごっこをしよう」といった具合です。では「砂場で山を作ろう」と考えたとき、子どもの脳がどのように働くのか、細かく考えてみることにします。

目的記憶と手順記憶

子どもが砂場にやって来てすぐに、「山を作ろう」と考えたとします。そのとき彼の脳には、「目的記憶」が作られます。目的記憶とは、今から行う行動のゴール（砂で山を作ること）を記憶しておくことです。当たり前ですが、目的を忘れてしまったら達成することができません。しかし目的記憶をなくしてしまうのは結構よくあることで、それを「目的記憶喪失」と言います。

目的記憶の大切さを理解していただくためにも、目的記憶喪失の現象について例を挙げましょう。パソコンを開いて何か作業しようとしていたのに、立ち上げた瞬間に、何をしようとしていたか忘れてしまった、というようなことはありませんか？　何かを取りに自分の部屋に戻ったもののそれが何だったのか忘れたとか、電話をかけたのに何の用事だったのか忘れたとか、話し始めたのはいいけれど何を話そうとしていたのか忘れた、とかいうこともあるはずです。

砂場で山を作っている先ほどの子どもだと、途中で急に立ち上がって友達とブランコで遊び始めた、などという場合です。もちろん「山を作る」という目的を記憶していたのにもかかわらず、意図的にそれをやめている場合もありますが、目的記憶を喪失しているかもしれません。

いずれにしても、子どもは目的記憶を作ります。ここでは「山を作る」ことでしたが、鬼ごっこでは「誰かを捕まえる」だったり「鬼から逃げる」だったりするでしょう。ままごとでは、「お母さん役として料理を作る」だったり「子ども役としてお母さんに甘える」ことかもしれません。

目的記憶ができた後に行うのは、「手順記憶」を作ることです。手順記憶とは、その名の通り、目的を達するための手順を決めてそれを覚えておくことです。

砂場で「山を作る」ことを目的としているならば、①場所を決める→②砂を集める→③砂を高くしていく→④砂を山の裾野になるように広げる→⑤ある程度の高さにな

①
②
③
③
④
④
⑤
⑥

るまで③と④を繰り返し、ときどき砂を固めるように押さえる→⑥目的記憶にあるイメージ通りになったら完成とする、という手順になります。

この手順記憶をなくしてしまったら、目的に至ることはできません。目的記憶さえあれば手順記憶は何度でも作り直すことができますが、とりあえずここでは手順を記憶したことにして次に進みたいと思います。

目的記憶と手順記憶ができました。これらを「ワーキングメモリ（作業記憶）」と言い、この記憶を脳の中に保持しつつ、手順の一番最初を実際に行動に移すことになります。砂場での山作りなら、①の場所を決めることがそれにあたります。

手順のひとつひとつが目的になる

砂場で山を作ろうと思ったとして、どこに作るのがいいでしょうか。砂場では他の友達も遊んでいますが、目的記憶にある山を考えるとそこそこの広さが必要です。穴があったり水がたまっていたりする場所は避けたいですよね。さまざまな場所をチェックして最も適したところに決めなければなりませんが、この「場所を決める」ということも、じつは目的になることがわかっていただけるでしょうか。

「砂場で山を作る」という大きな目的にとっては、手順である「山を作るのにちょうどいい場所を見つける」ということが目的になり、その目的を達成するために手順が必要になります。ここでは①歩き回る→②それぞれの場所で適当な広さか、友達に迷惑をかけないか、穴があったり水がたまっていないかなどをチェックする→③いくつ

山を
つくりたい
穴を
掘ろうよ!
調整
場所は
どこが
いいかな
お腹が
空いてきた

かの候補地から最も良いところを決める、といった手順です。

もちろん①の歩き回ることも実際には行動の目的になっていて、それはさらに細かな手順に分かれます。具体的には砂場のどこからどのように見て回るのか、歩き回るのかということですね。

このように私たちの行動は、ある意味際限なく細分化することができて、それぞれが目的になったり手順になったりします。しかもひとつの手順（場所を決める）を終えると、その手順を作業記憶から削除（忘れる）して、次の手順（砂を集める）に切り替えなければなりません。つまり手順のひとつを済ませたら、そのことを忘れて次のことに注意を切り替え、さらにそれを終えたら次の手順にシフトする……。そのようなことをスムーズに行う必要があるのです。

しかも、その間に邪魔が入る可能性があります。砂場で子どもが山を作ろうとしていたとします。そんなときに、友達から「（山じゃなくて）穴を掘ろうよ」と誘われたらどうしましょうか。場所を探そうと歩き回っても、適当な場所がなかったら？　実際に山を作ろうとしたときに、お腹が空いていることに気づいたらどうすれば良いでしょう。

目的記憶と手順記憶はそのまま保持しつつ、いろいろな調整をしなければなりません。自分のやりたい気持ちを抑えて友達と穴を掘ってみるかもしれませんし、友達に対して「僕は山を作るから君は穴を掘ってね」と話すかもしれません。適当な場所がない場合もそうで、誰かに仲間に入れてもらって場所を確保するか、その日は我慢するという判断をする可能性もありますね。お腹が空いていると気づいたら、我慢する場合もあれば、とりあえず腹を満たすことを優先させて後から山を作ろうと考えるか、山を作ることそのものをやめてしまうかもしれません。

こうしたとき、子どもの脳は自分の情動（やりたい気持ち、残念だと思う気持ち、自分がやりたいことができないことに対するストレスや怒り）、感覚（お腹が空いた感覚）をコントロールします。場合によっては、設定したはずの目的記憶や手順記憶を改めて作り替えて、その場に合った行動をとることもあるでしょう。

このように目的的行動をするには、目的記憶と手順記憶を保持した上で、注意を切り替えたり気持ちや感覚をコントロールしたりするのですが、そうした複雑な脳の働きを「実行機能」と言います。これは、目的に向かって戦略的に物事を進める力と、状況の変化に柔軟に対応する力の2つに分けることができます。

実行機能が高いことの重要性

みなさんのまわりにも「賢い人」がいると思いますが、その「賢さ」とは何でしょうか。必ずしも学業成績が良い人、偏差値の高い大学を出た人ばかりではないはずです。賢い人は、「実行機能が高い人」と言い換えることができるかもしれません。

私たちは毎日の生活で、つねに実行機能を使っています。たとえば朝の支度です。子どものいる家庭の親は、自然と実行機能がトレーニングされます。なぜなら朝起きた瞬間に、「子どもの弁当を作る」「朝食を作る」「洗濯をする」「子どもを学校に行かせる」「自分も仕事に行く準備をする（着替える、朝食を準備する、お化粧をする……）」など、たくさんの目的記憶を作らざるを得ないからです。あたかもパソコンの画面にたくさんのウインドウが開いて、一度にそれらを実行しているようなイメージです。

もちろん、それぞれに手順記憶を作らなければならず、それらは互いに影響を与えます。子どもが病気をしたとか、天気が悪いとか、多彩な変更や調整が必要になりますし、そうした複雑な行動の最中に、子どもが急に何かを準備してほしいとか、提出物ができていないとか、心を乱すような情報が入ってきたりします。

実行機能が高い人は、こうした複雑なことに次々と対応することができます。こうした朝の忙しさをテキパキとこなせる人は、おそらく仕事でも同じようにできるはずです。ただし仕事の場合は、朝の準備とは違うスキル（コミュニケーションスキル、問題解決スキル、コラボレーションスキル、ITスキルなど）や知識が必要ですが、こうしたスキルや知識さえ、実行機能が高い人のほうが得られやすい傾向にあると言えます。

ここで、前章で取り上げたマシュマロテストのことを思い出してください。幼児を対象にしたテストで、大人から「私が戻ってくるまで待つことができれば、目の前にあるお菓子を2個ともあげる。我慢できずに食べてしまったらその1個で終わり」という説明を受けた上で待つことができるか、というものです。これまでの研究から、ここで待つことができた子どもは思春期に成功する確率が高いとされているのですが、この「待つ」ということにも実行機能が深くかかわっていることがわかるでしょうか。

マシュマロテストの目的は、「一定時間待つことにより、お菓子を2つ手に入れる」ことです。手順はとくにありませんが、だからこそ実行機能のうちの「情動コントロール」の力が試されます。情動コントロールとは、自分の情動（食べたい、やりたい、欲しい）を抑制することです。マシュマロテストでは、その目的のために子どもにとって大好きなお菓子を手に取ること（食べること）を我慢させます。

このことができる子どもは、「目的を達成させるために、自分の情動を抑える」ことが上手だと言えます。そうすると、小学生くらいになって「遊びたいけど宿題をやらなきゃ」とか「テレビを見たいけど、ピアノの練習をしなきゃ」とか「自分がやりたいことはあるけれど、友達の意見を受け入れなきゃ」と考え、実際に行動できるはずです。

さらには、「今はその欲求を達せられないけれど、将来それができるようにしっかりとした計画を立てて目的を達成しよう」というように、長期の戦略さえとれるようになる可能性が高いでしょう。

そういうことができる人（＝実行機能が高い人）は、仕事を任せられる人とも言えます。学力も高くなるでしょうし、持って生まれた才能を生かすこともできるでしょう。

そう考えると、実行機能の大切さがよくわかるはずです。

実行機能が高い人の特徴

みなさんの職場で（友達や家族でもかまいません）、仕事ができない人、頼りにならない人の特徴は何でしょうか？ いろいろあると思いますが、最も頼りにならないのは「物事を最後までやらない人」ではないでしょうか。発想は良い、取りかかりも良い、でも途中で投げ出してしまったりうやむやにしてしまう、という人です。

逆に頼りになる人は、物事を最後までやり遂げることができます。発想力はないかもしれないし、当たり前のことしかできないかもしれない。でも頼まれたことは着実にこなして結果を見せる。そういう人がやはり信頼できます。となると、発想力や独創性以前にクリアしなければならないことがありそうですね。

しかも「物事を最後までやり遂げる」ということは、簡単ではありません。ゴール設定を明確にして、そこに至るまでの手順を明確に思い描き、着実に進めなければならないからです。同時に、不測の事態に対応し、変更・調整する必要もあります。

こうした能力を実行機能と呼ぶことはすでに説明しましたが、こうした力が優れている人の特徴に「家事能力が高い」ことが挙げられるような気がします。家事とは、一般に料理、洗濯、掃除、片付けなどを指します。日本では、文化的に家事役割を果たすことが多かった女性のほうが実行機能が高いように思います。

すでに例として挙げましたが、子どもを持つ親の朝は非常に忙しく、実行機能が試されます。とくに働くお母さんの忙しさは超人的で、一度にたくさんのことをこなさなければなりません。しかも家事は、必ず最後までやらなければなりません。料理は食べられるところまでやってこそ料理です。片付けも、きちんと最後までやらなければ片付けになりません。掃除も洗濯も、あらゆる家事は最後まで手順良くこなし、目的を達成させるのが当たり前というものです。

家事を毎日している人は、知らず知らずのうちに実行機能をトレーニングしている可能性があります。子どもたちにお手伝いをさせるのは、そういう意味でもかなりお勧めです。

実行機能が高い人は優先順位をつけるのが上手で、ひとつのことに取りかかったら必ず何らかの結果を出すところまで手を緩めません。結果を出すためには、自分の情動をコントロールする必要があります。相手があることであれば、相手の意見を聞いたり調整しなければなりません。まさに、実行機能が高くなければできないことばかりなのです。

ペリー幼児教育プロジェクト

みなさんは、「ペリー幼児教育プロジェクト」を知っていますか？　これはとても有名な研究で、1960年代にアメリカ・ミシガン州の郊外にあるイプシランティ市のペリー小学校附属幼稚園において行われたものを指します。

当時はまだ人種差別が色濃く残っていたためか、小学校入学時に白人の子どもと黒人の子どもには差があったと言います。そこで、ペリー幼児教育プロジェクトでは、IQがそれほど高くない黒人の子どもを120人ほど集め、それをランダムに2つに分けたのだそうです。そして一方にだけ質の高い幼児教育を行い、その子どもたちを長期にわたって追跡しました。つまり、質の高い幼児教育の効果がどの程度あるのか明らかにしようとしたのですが、これで驚くべきことがわかりました。

質の高い幼児教育の効果は、その子どもたちが40代になったときの年収などの差となって現れていたというのです（表27）。最新の研究結果によると、次の世代（つまり対象の子どもたちの子ども）にまで効果が波及することが明らかになったのだとか。質の高い幼児教育の必要性が明確になったと言えるでしょう。

表27 ●

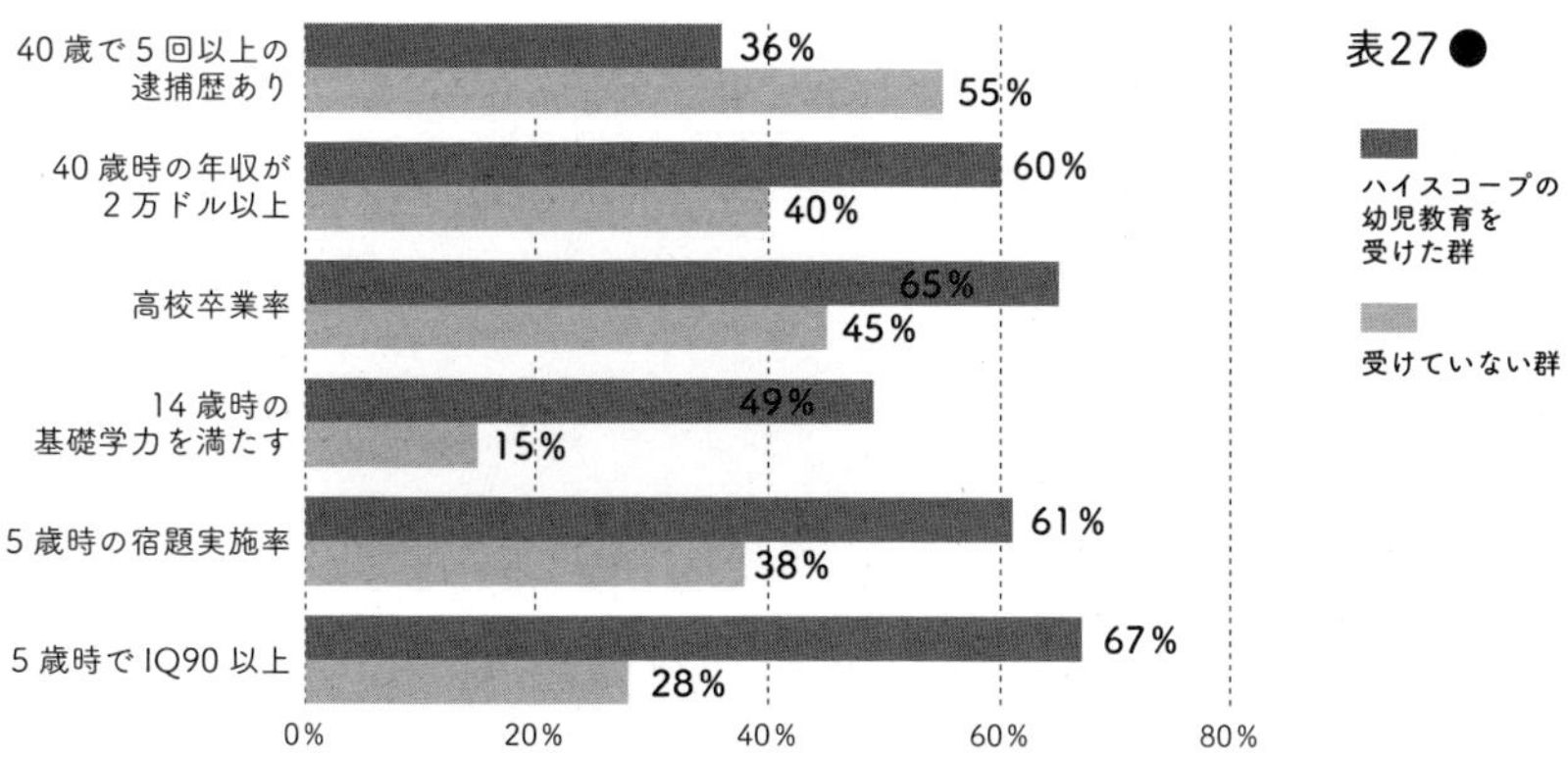

さて、その質の高い幼児教育について知りたくありませんか？　ノーベル経済学賞を受賞したシカゴ大学のジェームズ・ヘックマン博士〔1944-〕が、この研究を詳細に分析した結果、「幼児教育に1ドルかけると社会には7・16ドルが還元される」ということを証明しており、幼児教育の費用対効果が良いことが明確にされています。

この「質の高い幼児教育」は、ずばり実行機能を育てることをターゲットのひとつにしているのです。

実行機能を育てるハイスコープカリキュラム

ペリー幼児教育プロジェクトにおいて「質の高い幼児教育」とされているのは、「ハイスコープカリキュラム」というものです(※)。これはOECDによってエビデンスのある幼児教育として認められており、世界的に有名なのですが、なぜか日本では十分に紹介されてこなかったという経緯があります。

このハイスコープカリキュラムには、質の高い幼児教育を実現するためのたくさんの工夫があります。精緻《せいち》に組み立てられたシステムになっていて、なるほど、これならばすばらしい幼児教育が実現できるだろうと思わされます。

しかし、ここではハイスコープカリキュラムの詳細を説明するのではなく、実行機能を育てる仕組みのひとつである「プラン・ドゥ・レビュー」について解説したいと思います。

「プラン・ドゥ・レビュー」を日本語にすると「計画する・実行する・振り返る」と

※現在、日本では「ハイスコープジャパン」という組織が活動中です。
http://highscope-japan.org/

なりますが、ハイスコープカリキュラムでは、幼児期の子どもたちに、このことを毎日させるのです。

ただし幼児が行うものですから、難しくはありません。「実行する」の部分は「遊ぶ」になります。つまりハイスコープカリキュラムでは、子どもたちは「自由に遊ぶ」のではなく「計画を立ててから遊び、遊んでから振り返りを行う」のです。もちろん「計画する」といっても、「今から～～して遊ぼう」「○○ちゃんと△△で遊ぼう」という程度のこと、「振り返る」といっても「～～して遊んだよ」「○○ちゃんと△△で遊んだよ」程度のことです。

もっともこの「計画する」「振り返る」ことを幼い子どもたちにきちんとさせるには、それ相応のテクニックが必要です。この部分、実際にはとてもよく考えられていて、さまざまなアイデアや子どもの発達を促す意図が含まれた内容になっています。そして、そうまでして子どもたちに「計画する」と「振り返る」をさせるのは、それが実行機能の発達を促すことになるとわかっているからです。

「計画する」と「振り返る」

「実行機能」について、「目的的活動をするときに働く脳の機能」だと説明しました。目的的活動は日常のさまざまな場面に存在します。家事もそうですし、どこかに出かけることもそうです。子どもたちが遊ぶときも実行機能が働きます。ただ、そうした機能を高めようとしたとき、意図的にそのような場をつくることは意味があります。

先ほど例に挙げた「砂場で山を作って遊ぶ」ことでも、子どもたちは無意識のうちに実行機能を使って遊びを計画し、その計画に沿って行動をすることでしょう。しかし、それを意識的にさせたらどうでしょうか。大人がそこに関与し、子どもに問いかけるのです。何して遊ぶの?と――。

すると子どもの脳は、ひとりで考えていたときよりずっと早く、意図的に働きます。何しろ脳の片隅で何となく存在した計画を相手に説明しなければなりません。どうしても言葉を使って表現する必要があります。

私たち大人もそうですが、意思や気持ちは言葉にすると急に明確になります。原始的な――別の言い方をするならば動物的な――感情も、言葉にしたとたんはっきりと見えてきて、客観視できるようになります。どうやら私たちの脳の働きは、言語と切っても切れない関係にあるようなのです。

だから、子どもたちに「何して遊ぶの?」とその子の計画を質問し、「何して遊んだの?」と振り返らせることは、彼らの脳の働きを言語によって深め、明確にさせるという意味で大切です。ハイスコープカリキュラムにある「プラン・ドゥ・レビュー」にはそんな秘密があって、だからこそハイスコープによる質の高い幼児教育は、成人後の生活にまで影響を与えるのでしょう。

だとしたら、私たちもやってみるべきでしょう。幼児に限る必要はありません。小学生も中学生も、高校生、大学生どころか私たち大人も、頭の中にあるひとつひとつの計画を言葉にし、行動をしたら振り返ってみるのはどうでしょうか。

計画して振り返る、ということが難しければ、頭の中にあることを言語化するだけでも良いと思います。だいたい私たちは、頭の中でもいつも言語を使っているのです。

はっきりとした形にならないにしても、私たちは言葉を使って自分の感情を意識し、自分の行動をとらえます。こうしたときに使う言葉を「内言語」と言いますが、この内言語を豊かにすることが、私たち自身の実行機能を育てることにつながるのです。

言葉を育てる

子どもたちの将来の幸せのためには実行機能を育てることが重要で、ハイスコープカリキュラムでは、「計画する・実行する・振り返る」の流れを作ることでそれを実現しています。ハイスコープカリキュラムはそれだけではありませんが、ここでは代表的な特徴として、「プラン・ドゥ・レビュー」を取り上げています。

この「計画する」「振り返る」のカギは言語化にあって、言葉にするという過程で大脳新皮質を刺激します。でも、ちょっと待ってください。ここまでの説明を聞いて、「計画する」と「振り返る」をこんな風にやってみようと思ってはいませんか?

子どもを立たせた横で、大人が子どもの顔をのぞき込んで質問するわけです。

「〇〇ちゃんは、これから何して遊ぶの? 言ってごらん――」

すぐに答えられる子もいますが、そうでない子も多いことでしょう。口ごもったり、首をかしげたりするわけです。すると、隣の大人がさらにたたみかけます。

「早く言いなさい。何をしたいの? 遊びたいんでしょ?」

当たり前のことですが、これではダメです。自分が子どもだったころを思い出してください。こんな調子で大人に質問されたら怖くなってしまって、何も言えなくなります。もしくは適当にごまかしてその場から離れようとするかもしれません。ここで大切なのは、子どもの脳を正しく刺激することです。間違っても萎縮させてはいけません。

脳は興奮したときにこそ成長します。楽しいこと、わくわくするようなことがあると、子どもたちの脳細胞が弾けて、発達するのです。「計画する」も「振り返る」も楽しい雰囲気の中で、むしろ遊びの一環のように行われなければなりません。

ハイスコープカリキュラムの「プラン・ドゥ・レビュー」では、プラン（計画する）もドゥ（遊ぶ）もレビュー（振り返る）も非常に楽しい雰囲気で行います。ドゥ（遊ぶ）はもちろんですが、プランやレビューにもいろいろなおもしろい方法があって、ハイスコープの先生たちは最低でも50通りのプランの方法を用意していると言います。

いきなり「言葉で言いなさい」という指示はしません。ゲームにしたりクイズにしたり、絵を描かせたり場所を選ばせたり。言葉にする前に、十分にイメージ化したり動作化するのです。先生が子どもたちの代わりに言葉にしてみせることもあります。言葉はいきなり生まれるものではなく、子どもの中で育っていくものだからです。

言葉を無理に育てようと、脅したり叱ったりしても意味はありません。それよりも子どもたちがリラックスできる環境を整えましょう。そしておもしろがって、いろいろなことに自分から取り組むように仕向けます。楽しい時間を過ごしているうちに、子どもたちの興味はどんどん広がるものです。

そんな楽しい時間を共有しながら、子どもたちの行動や気持ちにぴったりの言葉を聞かせます。すると、子どもたちの脳はそれをあっという間に吸収して、自分のものとして使い始めるのです。

実行機能を育てるのは簡単です。子どもたちが楽しいと感じる時間をどんどん増やし、そこで必要な言葉を聞かせていけば良いのですから。

真実 8

成功のカギは「実行機能」にあり

Point

□実行機能とは、「ヒトが目的的行動をするときに働く脳機能」のことで、
目的に向かって戦略的に物事を進める力と、状況の変化に柔軟に対応する力である。

□目的的行動をするとき、目的記憶と手順記憶を
ワーキングメモリ（作業記憶）に保持しなければならない。
また、状況の変化に対応したり、感覚や情動の調整を行う必要がある。

□実行機能が高いと、物事を最後までやり遂げることができ、
まわりからの信頼を得ることができる。

□「ペリー幼児教育プロジェクト」によって、
その効果が証明されている幼児教育の「ハイスコープカリキュラム」は、
実行機能を育てることをターゲットのひとつにしている。

□ハイスコープカリキュラムのひとつに、「プラン・ドゥ・レビュー」がある。
日本語にすると「計画する・実行する・振り返る」だが、ここで大切なのは、
計画する・振り返ることによって、子どもの実行機能の発達を促すこと。

□実行機能を育てるには、内言語を含めた言葉の発達を促すことが良い。
ただし言葉は無理に育たない。楽しい雰囲気の中で、興味を広げ、
必要な言葉を聞かせていくことが大切。

真実 9

「感覚」は、使えるけれど見えにくい

ＡＩとヒトの脳の違い

ＡＩ（※）がさまざまなところで話題になる時代です。家電、自動車にＡＩが搭載され、今まで人がやっていたことが自動化されています。

自動運転の技術などには、非常に驚かされます。カメラでとらえた映像から、周囲の人や物の動きを瞬時に解析し、それに反応してハンドル操作やスピードの調節をスムーズに行う――。

これは、目から入った視覚的情報を脳が認知し、その状況に応じてハンドルやアクセルを操作するという人の能力をそのまま写したものです。人の場合、これらの統括を脳が自動的にやっているのですが、それと同じことをＡＩがしてしまうのです。

対人支援でさえＡＩが行う、という話があります。人の質問に答える、話し相手をするといったことですが、すでにこれらも実現しつつあります。「ご質問やご要望にＡＩが対応します」と記載されている企業のホームページも珍しくありません。家電製品の取り扱い、宿泊予約など、まるで話しかけるように画面に打ち込むと、それにＡＩが回答してくれるのです。

ホテルのフロント業務をＡＩ搭載のロボットが担ったり、老人介護施設でＡＩ搭載のペットロボットが活躍しているという話も聞きます。すごい時代になりました。ＡＩが人の仕事を奪い、ＡＩが人の能力を超える時代がくるとも言われますが、すでにそうなっているようにも思えます。

さて、そんな時代にあえて質問したいと思います。ＡＩとヒトの脳は、何が違うでしょうか。ＡＩはヒトの脳を超える可能性があると、本当に言えるのでしょうか？

※ＡＩ
（Artificial Intelligence）
人工知能。人間の知的能力をコンピュータ上で実現する、さまざまな技術やソフトウェア、システムを指す。

AIには「体」がない

ＡＩのＡＩたる能力、つまり認知や思考について考察することは、研究が最先端すぎてちょっと難しいです。ここでは、もっと根本的な違いを明確にしておきたいと思います。

それは「ＡＩには体がない」ということです。そんなの当たり前でしょ、と思われるかもしれません。「アンドロイドやロボットのように『体』を有するＡＩもある」と考えることができるかもしれませんね。しかしそれでも、私たちに体があるということは、ヒトとＡＩ、そしてロボットやアンドロイドとの決定的な違いをもたらしています。

だいたい私たちヒトをヒトたらしめている大脳新皮質は、最も高度な知的作業を行えるものの、単に「動物が生きていく」という目的からするとさして重要ではないものです。

その証拠に、魚類、両生類、は虫類などの脳は、ほぼ脳幹だけでできています。大脳はあるものの、新皮質はありません。大脳辺縁系が中心であり、そこはいわゆる本能的なことを司っているだけです。つまり「考える」ことを行う大脳新皮質は、「生きる」ということに対して予備的なものであると言えるでしょう。

つまり「生きる」ことの中心は体にあり、その体に近い脳幹、大脳辺縁系などが重要であることから、私たちヒトの特徴である〝考えること〟を司る大脳新皮質は、その本体である体や脳幹、大脳辺縁系の影響を受けます。もう少し具体的に説明すると、私たちの脳の働きは、体や脳幹、大脳辺縁系からくる生理的反応、運動、感覚的反応

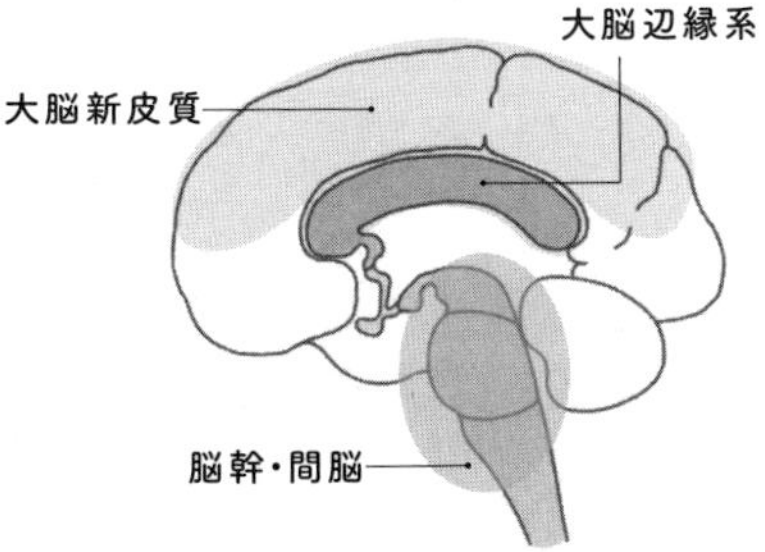

人間の脳（断面）

の支配下にあると言えます。

生理的反応（空腹、満腹、眠さ、疲労など）は、脳の働きに影響を与えますよね。空腹もしくは満腹時には考えることがおっくうになったり、いつものように作業できなくなったりします。眠い、疲れたなども同様です。

運動の影響はどうでしょうか。体を動かしているほうが頭が働くという人もいるでしょうし、逆に何かをやりながらだと考えがまったくまとまらない、という人もいます。当然ながら個人差があります。

感覚の影響はもっと激しいように思います。たとえば、テレビの音が大きく響く場所で、あなたは集中して何かを考えることができますか？　歯が痛い、頭が痛いようなときに勉強できますか？

もっとも、感覚の問題は生理的反応や運動と表裏一体です。空腹とか疲れたという生理的な問題は、実際にお腹が痛い、筋肉が痛いという感覚に転化しますし、運動そのものも感覚的なフィードバック（筋肉の疲れや痛み、運動後の爽快感など）をもたらします。よってここからは、生理的反応、運動を含め、脳に影響を与える体の反応を「感覚」で一本化しますが、確認しておきたいのは、そうした感覚の問題が脳の働きに、私たちが思っている以上に大きな影響を与えているという事実です。一方のAIは、暑かろうが寒かろうが同じように動きます。

私たちの脳は〝考える〟だけでなく、体をコントロールします。むしろ体をコントロールすることのほうが、ヒトが生きていくために大切なことなので、感覚の影響をあなどってはいけません。

感覚の影響は見えにくい

空腹のとき、疲れているとき、どこかが痛いときは、頭がよく働きません。逆に体が元気なときは、テキパキと仕事を進められます。お風呂に入ってリラックスしているときにアイデアが浮かびやすい、という人もいるようです。

こんな風に感覚が脳の働きにかなりの影響を与えているのですが、案外その事実には気づきにくいと思いませんか？〝気づく〟ということそのものが脳の働きであるがゆえに感覚の影響を受けますし、そうでなくても、感覚はあまりにも当たり前すぎるのかもしれません。

たとえば、あなたの感覚は他の人に比べてどうなのでしょうか。人である限り、ひとりひとりがそれぞれ個人の感覚の影響下にあります。極端な話、同じ赤いリンゴを見ていても、その赤という色をどのようにとらえているのか、互いに比べることはできません。違う〝質〟の感覚的経験をしている可能性もあるのです。

このように、同じ物理的刺激（ここではリンゴの色）に対して異なった質的体験をしている可能性があることを「逆転クオリア」と言い、心の哲学の分野で議論されています。ここではそんな風に学問の中で議論になるほどであることを指摘した上で、話を進めましょう。

要するに、私たちは感覚の影響を想像以上に受けているのです。私たちは、自分固有の感覚を通してのみ世界を感じることができます。よって、感覚が違えば、見える世界が違うことになります。

それで再度、考えてみてください。あなたの感覚は他の人に比べてどうでしょうか？

味覚を例に挙げるとわかりやすいと思います。甘いものが嫌いな人もいれば、好きな人もいますよね。甘いものが嫌いな人は、甘みに敏感なのかもしれません。逆に好きな人は甘みに対して鈍感で、強めの刺激でないと満足できないのかもしれません。嗅覚はどうでしょうか。ちょっとした匂いに敏感に反応する人もいれば、そうでない人もいます。聴覚もそうです。激しい音楽を好む人がいる一方で、そうした音楽を単なる雑音としか感じられない人もいるでしょう。

念のために言っておきますが、感覚が敏感だから良い／鈍感だから悪い、ということはありません。ひとりひとりが違っているという事実を明らかにするとともに、自分が感覚の影響を受けた上で世界を認識していることに、改めて気づく必要があるのです。

感覚は育てることができる

どうやら、私たちは自分自身の感覚の影響下にあるようです。しかも、私たちは生まれてこのかた、ずっと自分の感覚の影響下にあるために、影響を受けていることに気づくことすら難しくなっています。自分が「甘い」と感じれば、みんなが「甘い」と感じるべきだと思うでしょうし、「痛い」ものは誰にとっても「痛い」はずだと考えます。

自分の感覚が基準になるため、他人と自分の感覚が違ったとき、自分の異常に気づくことが難しくなります。いつだって「相手が違っている」と考えてしまいがちなのです。

自分がおいしいと思っている食べ物を嫌う人に出会ったとき、「え？　そんな人がいるの？」と疑問に思ったり、「嘘をついているんじゃないか」と考えたりしたことはありませんか？　音楽の好みもそうでしょうし、匂いもそうです。自分が好きな物を誰かが嫌いだと言うと、どう考えても自分が正しいように思うものなのです。

こんな風に、私たち大人でさえ感覚の影響を大きく受けます。発達の途中、もしくは初期にある子どもが受ける影響は、さらに大きいと考えて間違いないでしょう。

赤ちゃんは、お腹が空けば泣きます。未就学児はもちろん、小学生だって空腹を感じると不機嫌になるでしょう。その上子どもたちは、感覚の影響を大きく受けているのに、その事実に気づけないことが多くあります。大人だってそうなのですから、仕方がありません。

中には、不快な感覚に気づけない子どもさえいます。「痛いんだけどどこが痛いかわからない」とか、「そもそも痛いのか痛くないのかわからなくなる」などということもあります。

感覚的な問題を気にしすぎてしまうこともあるでしょうし、逆に気にするあまり自分がどんな感覚を得ているのかわからなくなる場合もあるでしょう。それだけ子どもたちの感覚は未熟だと言えます。つまり、感覚そのものがまだまだ発達途上なのです。

たとえば、あなたはいつごろから緑茶のおいしさに気づきましたか？　いまだに緑茶をおいしいと思えない人は、別の物で考えてください。子どもたちの多くがおいしいと感じない食べ物——激辛カレー、苦いビール、ブラックコーヒーなど——は、私たちが子どもだったときにはやはりおいしいと思えるものではなかったでしょう。とところが成長過程のどこかで、おいしいもの、味わい深いものに変わったはずなのです。

そんな風に、私たちの感覚は育っていきます。好ましくない感覚が好ましい感覚に変わることもよくあります。

味覚だけではなく、他の感覚も同じです。小さいころ、体をマッサージされるとくすぐったかったり痛かったりしませんでしたか？　それがいつの間にか気持ちの良いものに変わった、という人も多いでしょう。

音楽だってそうです。子どものころは退屈だと思っていたクラシック音楽が美しいものだと気づいたとか、うるさいとしか思えなかったロックミュージックが格好良くて深いものだと気づいたなどということもあります。

小さいときは大ざっぱに甘い／辛いの二択だった味覚が、塩辛い・辛い・すっぱい・うまみがあるなどと分化していくのと同じように、聴覚も触覚も味覚も育っていくものです。逆に言うならば、子どもに対してさまざまな感覚を教えることができますし、すでにそうしたことを教えている可能性があります。

みなさんのまわりにいる子どもが、「〇〇な感覚が敏感／鈍感」だったとしても、本人が嫌がらない範囲でその感覚を学ばせていくことが可能です。感覚を育てることができるという事実については、知っておいたほうが良いと言えます。

感覚の違いが行動に現れる

ところで、感覚の種類はいくつあると思いますか？　視覚、聴覚、嗅覚、味覚、触覚──。「五感なんだから5つに決まっているじゃないか」という人が大半だと思いますが、そうではありません。その他に前庭感覚や固有感覚、内臓感覚などもあります。

前庭感覚とはいわゆる平衡感覚であり、体の傾きや加速度などを感じます。固有感覚は、自分の体を通して感じられる自分の体の動きや位置のこと。内臓感覚とは、内臓の痛みや吐き気など、内臓に分布した神経で内臓の状態を感じるものを言います。

もちろん、こうした前庭感覚、固有感覚、内臓感覚についても個人差があります。前庭感覚が敏感な人は、乗り物酔いしやすいかもしれません。何しろ、乗り物の速度、加速度などを敏感に感じ取るのですから。自分が動かされることによって気持ち悪くなりやすいので、ジェットコースターやトランポリンは苦手かもしれません。逆に前庭感覚が鈍感な人は、ジェットコースターもトランポリンも大好きで、こうした刺激は大きいほど気持ち良いと感じる可能性があります。

ここまで前庭感覚を例に取りましたが、感覚の違い（敏感、鈍感など）は、好みや行動に影響を与えます。味覚、聴覚、視覚、触覚すべてがそうです。当たり前のことなのですが、だからこそ考えてみましょう。子どもたちの行動が、感覚に左右されている可能性についてです。

動きが荒っぽく、すぐに暴力を振るったり大声を出したりする子がいるとします。こうした子どもについて、私たちはこれまで単に「荒っぽい子ども」「乱暴な子ども」ととらえていましたが、「感覚が鈍感な子ども」ととらえ直すことができないでしょうか。

逆に、おとなしい子ども（誰にでもやさしく、おしとやかで、静かな子ども）がいるとします。こうした子どもについて、「感覚が敏感な子ども」ととらえ直すことはで

感覚の種類●

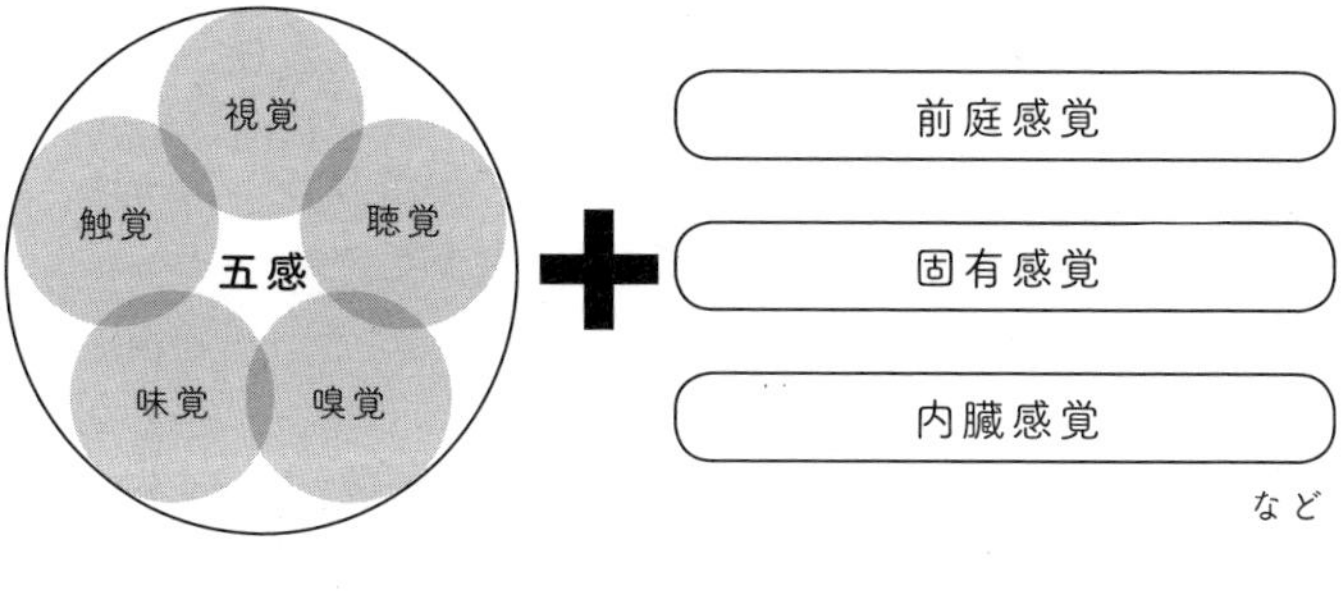

きないでしょうか。

感覚が鈍感な子どもは、強い刺激を好みます。鈍感なために弱い刺激だとあまり自分で感じることができず、声も行動も大きくなります。自分の感覚にちょうど良い刺激を求めて行動すると、周囲の基準では乱暴に見えてしまうかもしれません。

感覚が敏感な子どもは、強い刺激が怖くてたまりません。弱い刺激でちょうど良いので、乱暴なことは一切しません。むしろ乱暴な子どもの被害に遭っている子どもに対して、過剰なほど同情的です。

両極端な例を挙げましたが、敏感さと鈍感さの両方を持っているケースもあります。むしろ、そういう人（子ども）のほうが多いかもしれません。聴覚が鈍感なために大きな声で話し、刺激の強い音楽（ロックミュージック）などを好む人が、触覚は敏感でマッサージが大嫌い。前庭感覚も敏感でジェットコースターは大嫌い、という場合があります。

逆に前庭感覚は鈍感で、トランポリンが大好き。動き回っていないと落ち着かないという子どもが、味覚に敏感で味の強い食べ物（スイーツ、塩辛い干物）などは食べられないこともあり得ます。

こうした子どもたち個々の感覚の特性がそれぞれの行動に影響を与えているのですが、それを観察する大人もまたそれぞれの感覚の特性を持っています。鈍感な子どものお母さんが敏感な人だったら、子どもの行動が我慢できないほど乱暴に感じられるでしょうし、逆に敏感な子どもの担任の先生が鈍感な人だったら、その子どもが元気のない、無気力な子どもに見えてしまうかもしれません（そして、子どもからすると担任の言動が怖いかもしれません）。

このように、子どもたちの行動を感覚の問題と絡めて理解してみることは、重要な方法のひとつだと思われます。

子どもの行動と感覚

子どもの行動と感覚の関係について、もう少し考えてみましょう。

前述した通り、感覚が鈍感な子どもは強い刺激が大好きで、それが行動に現れます。鈍感な彼が、彼にとっての〝普通の感覚〟で友達とかかわると、まわりからは乱暴だと思われてしまいます。逆に感覚が敏感な子どもは、強い刺激が怖いのでおとなしくなります。友達も自分と同じように敏感であると想像することができると、誰に対してもやさしくて（時として過剰なほど）思いやりがある行動をとるようになります。

では、よくいる多動（※）の子どもはどうでしょうか。発達障がい、とくにＡＤＨＤ（注意欠如多動症）の子どもは多動傾向にある場合が多いのですが、彼らの感覚はどうなっていると思いますか？

「動いている」ということは、その動きのフィードバックである感覚刺激を手に入れていることを意味します。平衡感覚や固有感覚が鈍感なため、自分の動きから得られるさまざまな感覚刺激を入れ続けなければ満足できないのかもしれません。そうなると、その子の行動（多動）は感覚的なニーズが原因です。たくさん動いていたほうが感覚的に気持ち良いという、とても原始的な反応であると言えるでしょう。

先生や親が、動き回る子どもに対して「もっと落ち着いて」「じっとしていなさい」

※多動
じっとしていることが苦手で、座っていなければならないときに席から離れたり、手足をそわそわ動かしたりする傾向。

などと言いますが、それでもその子どもは動き回ってしまいます。動くことは感覚的な反応なので、意思の力だけでは十分に制御できない可能性が高いのです。

極端な話ですが、寒さ・暑さを我慢することができますか？　眠さ、空腹、痛みを我慢し続けることも難しいでしょう。同じように、彼らが「動きたいこと」をやめるのも難しいものなのです。

「いや、そんなことはない。自分は多動傾向にあるけれど、じっとしていることは可能だ」という人もいるかもしれませんが、よく考えてみてください。そういう人は、これまでの経験の中で、自分の感覚的ニーズをコントロールする方法を身につけているものです。たとえば、動き回る代わりに貧乏ゆすりをする、ガムを噛む、ペン回しをする……などで気を紛らわせる方法です。「トイレに行きたいです」などと言って、違和感なく動くチャンスを作るなど、レベルの高い方法を身につけている人もいます。さらに言うならば、大人になれば、自分の感覚ニーズに合わせて職業を選ぶことが可能です。

感覚的に鈍感で、子ども時代に乱暴者だと思われていた人は、工事現場や工場など刺激のあるところを職場に選ぶことでしょう。逆に感覚的に敏感な人は、静かに働くことができる事務職を選ぶかもしれません。動き回りたいという感覚ニーズの持ち主

は営業職を好むかもしれませんし、逆に動き回りたくないという人は在宅でできる仕事を探すかもしれません。

感覚に働きかけて行動をコントロール

感覚の鈍感さ／敏感さは、子どもだけでなく大人の行動にも影響を与えています。この考えを進めると、感覚に働きかけることによって人の行動をコントロールできるということになります。

つまり「環境設定」です。その場面の環境（人の聴覚、視覚などの感覚への働きかけ）をコントロールすることで、行動を操ろうという方法です。実際そうしたことは、私たちが気づかないうちにすでに行われているようです。

たとえば人の行動を穏やかにしたいとするならば、どのような環境を用意すれば良いのでしょうか。リラクゼーション目的の場所やマッサージ店、喫茶店などでは静かな音楽が流れていますよね。穏やかな雰囲気のクラシックやジャズが流れていることが多いはずです。または、川の流れや鳥のさえずりなど、自然の音が使われることもあります。

こうしたことは、聴覚への働きかけによって心身のリラックスを促す（つまり人の行動をコントロールしようという意図）があるわけですが、視覚的な働きかけもされているはずです。店内を薄暗くして間接照明を使うこともそうですし、嗅覚への働きかけならリラックスできる香りの演出などもそれにあたるでしょう。温度、空調（空気の動き）などからも、私たちは無意識に影響を受けます。つまり環境には意図が隠されている場合があるわけです。

ここまではリラックスできるような感覚刺激を提供する環境を考えてきましたが、逆はどうでしょう。やる気になって勉強や作業がテキパキ進むような感覚刺激を提供する環境です。

やはり明るい場所が良いでしょうね。整理されているほうが好ましいですが、あまりにきちんとしすぎているのも落ち着きません。適度に乱雑で使いやすさを重視しましょう。明るすぎると集中しにくいかもしれませんが、手元は十分な明るさを確保すべきだと思います。

音はどうでしょうか。静かすぎるのはかえって活気がありません。活動内容によっては、BGMがあったほうがいいかもしれません。実際、そんな環境を作っている職場も多いはずです。

さて、子どもへの支援や子育ての現場における感覚への働きかけですが、どんなことが考えられるでしょうか。

アメリカの学校では、子どもがイライラしてしまったとき、もしくは怒りの感情がコントロールできなくなって、パニックになったときに使うことができる部屋が校内に用意されています。これを「クールダウンの部屋（落ち着きを取り戻すための部屋）」と言うのですが、ここはちょっと薄暗いのです。さらには、少し狭い上に窓も最小限で、外からの音や刺激はあまり入ってきません。

発達障がいの子どもはもちろん、障がいのない（いわゆる定型発達の）子どもたちにとっても居心地が良く落ち着くような環境となっていて、実際に効果があるとのことでした。

日本でも、とくに特別支援教育の分野で、環境設定に工夫する動きが出てきています。環境を整え、子どもの感覚特性と活動に合わせることにより、子どもの行動を安定させて教育効果を上げようという試みです。さらにこれを進めるならば、「子どもたちの行動が不安定なのは、彼らの感覚に合った環境が整っていないから」と考えることができるのです。

鈍感な子どもへのアプローチ

先ほども少し言いましたが、鈍感がいけないというわけではありません。刺激が多い今の社会を生きるには、ある程度鈍感なほうが幸せかもしれません。

しかし、鈍感な子どもは、その鈍感さゆえに周囲からは乱暴とか多動だと思われたりします。結果として、本人は〝普通の感覚〟で動いているのに、叱られてしまって自己肯定感がズタズタにされてしまうことがあります。

そのような子どもに対して、私たちは何をすることができるのでしょうか。

まず前提として考えなければならないのは、彼らの感覚自体を変えるのは難しいということです。彼らに対して、鈍感であることを叱っても意味はありません。敏感になれ、と言っても難しいのです。もちろん感覚を学ばせることも可能なのですが、それには時間がかかりますし、すぐに行動を変えるほどの変化を起こさせるのには無理があります。

そこで、その子の鈍感さを尊重します。「鈍感さゆえに強い刺激を好む」という感覚ニーズがあるということに気づき、それを受け入れます。それさえできれば、正しいアプローチが明らかになります。「強い刺激を好む」という感覚ニーズがあるわけですから、それを抑制するのではなく、逆に満たすことができる活動を提供すれば良いのです。

たとえば、動き回りたがる多動傾向の子どもには、まず動き回る機会を与えます。徹底的に動かして、その子の中の感覚的ニーズが満たされれば、落ち着いて学習したり活動したりすることができるはずです。

強い刺激を好む鈍感な子どもには、その子の鈍感さに合った習い事をさせるのはどうでしょうか。柔道や剣道のような武道には強い刺激がありそうです。前庭感覚が鈍感な子どもは、体操教室やトランポリン教室が合っているかもしれません。

何がその子の感覚ニーズに合っているのかは、その子自身が知っています。いろいろなものをやらせてみて、その活動の後に本人がすっきりした顔をしていたり行動が落ち着いたりするものを選択してください。

感覚ニーズは、言い方を変えれば「才能」です。子どもの感覚の特性に気づくのは、とても重要なことなのです。

敏感な子どもへのアプローチ

敏感な子どもへのアプローチも、鈍感な子どもへのアプローチと同じように考えてください。敏感さを無理に変えようとするのではなく、敏感さを受け入れて感覚ニーズがあると理解することが大事なのです。

ただ、敏感な子どもは静かに絵を描くとか、本を読む、音楽を聴くなど、敏感であるからこその才能をすでに発揮している場合が多いと思われます。なぜならそうした活動は周囲に迷惑をかけない上、大人も問題にすることがあまりないからです。

しかしそれでもなお、敏感な子どもは「敏感であるからこその悩み」を抱えて困っている可能性があります。極端に言うと、周囲が怖くてたまらないかもしれません。学校も怖ければ友達も怖くて、その結果不登校になるという子どももがいます。変化が怖くて、バーチャルな世界に引きこもってしまう子もいます。

こういう子どもたちに対しても、環境設定が重要です。この場合は、敏感さがある子どもたちの環境から彼らが怖がる刺激を徹底的に減らすことを意味します。

聴覚が敏感で大きな音が怖い場合、大きな音が起きにくい環境を作ります。視覚が敏感な子どもには、その子の敏感さを軽減できるような環境——明るさを抑えるとか、色調を整えるとか——をつくります。

ただ、大勢の子どもたちが集まる学校のような場所で、特別な環境の教室を用意するのは難しいものです。そこでよく使われるのが、支援グッズです。

聴覚が敏感な子どもには、イヤーマフを使います。イヤーマフとは、ヘッドホン型の防音保護具です。もともとは大きな音を避けられない工事現場などで使われていたものですが、今では支援グッズのひとつになっています。視覚が敏感な子どもには、サングラスを使います。色をつければ、色調の調整も可能です。

こうしたグッズは、感覚過敏を持つケースが少なくない自閉スペクトラム症（ASD）

の子どもたちへの支援として広まっている傾向にありますが、必要であれば誰でも使うべきでしょう。

実際、大人はこうした支援グッズを「自らの感覚への支援」とは認識せずに使っています。ファッションや気分などを理由としてサングラスをかけたりヘッドホンをしたりしているようですが、じつは自らの感覚に操られている可能性もあります。

子どもは、そういう選択肢があることを知りません。だから大人が子どもたちの感覚特性に気づき、環境を整えたり支援グッズを与えたり、もしくはその感覚の特性を才能として生かす道を見つけたりすることが大切なのです。

感覚を切り替えスイッチとして使おう

私たちの脳は、感覚の影響を受けます。そのため、感覚によって脳の活動をコントロールすることができます。当たり前なのですが、私たち自身が感覚の影響を受けているため、そのことに気づくのが難しいのです。

ところで、子育てや教育の現場での悩みとして、〝切り替え問題〟があります。一度怒った子どもは、なかなか感情をコントロールできずに引きずってしまったり（感情

の切り替えが難しい）、一度やり始めたことを終わりにして次の活動を始めることが難しい、といった問題です。

そういうときに思い出してほしいのは、この感覚の話です。じつは、感情の切り替え／行動の切り替えのときに、感覚は「スイッチ」として使えるのです。

私たち自身もそのように感覚を使っていることがあるはずです。たとえば、悲しいときにお酒を飲んだり甘い物を食べたりする人がいます。これは味覚を使って自分の感情をなだめ、切り替えようとしていると言えます。疲れたときや嫌になったとき、お風呂に入ったりマッサージに行ったりすることもありますが、これは触覚や固有感覚などへの刺激を切り替えスイッチにした例です。

気分転換（気持ちの切り替えスイッチ）として音楽を聴く人もいれば、映画を見る人もいます。映画鑑賞や読書は、いわゆる現実の感覚の遮断という形での切り替えスイッチになります。布団にくるまるだけで楽になるという人もいるでしょうし、アロマセラピーなども活動や気持ちの切り替えスイッチに使われることが多いのではないでしょうか。

中には、無意識のうちに感覚を切り替えスイッチとして使っている子どももいます。嫌なことが起こると、本を読む、ゲームをする、音楽を聴く……ということをしている子どもたちは、経験的に感覚スイッチの存在に気づいていると言えるでしょう。

感覚は重要です。脳への影響が、私たちが想像している以上に大きいからです。私たち自身の感覚の特性について考えてみるのと同時に、子どもたちの感覚の特性をとらえ、その特性に合わせた環境や活動を用意していくことによって、多動や不安、感情、活動の切り替えなどさまざまな問題を解決できるかもしれません。

真 実 9

「感覚」は使えるけれど、見えにくい

Point

□ AI と違って、脳は体の影響を受ける。
生理的反応、運動、感覚反応などである。

□感覚そのものが脳の働きに関係しているため、感覚の影響を自覚しにくい。
しかし私たちは、感覚の影響を想像以上に受けている。

□好ましくない感覚が好ましいものに変わる、新たな感覚を知るなど、
感覚は育てることができる。

□感覚の鈍感さや敏感さが、行動の違いに現れることがある。
感覚に働きかけることにより、行動をコントロールすることができる。

□鈍感な子どもは、多動な子ども・乱暴な子どもに見えるかもしれない。
鈍感な子どもには、感覚刺激をたくさん与え、感覚ニーズを満足させるほうが良い。

□敏感な子どもは、静かだったり不安を訴えたりするかもしれない。
敏感な子どもに対しては、環境設定が大切。場合によっては、
イヤーマフやサングラスなどの支援グッズが効果的。

□感情や行動の切り替えを行うときに、感覚をスイッチとして使うことができる。

真実 10

子育てを楽しめる状況をつくる

子育て不安が止まらない

日本で少子化が社会問題となってから、相当な時間が経過しました。そして、相変わらず出生率は低下しており、今のままで単純に計算すると、100年後には日本の人口が今の半分くらいになってしまうのだそうです。

「産む・産まない」が個人の自由なのは当然ですが、少子化が私たちの社会の未来を決める重要な問題であることは事実。そこで政府は幼児教育の無償化、待機児童問題の解決などの対策をとっています。

こうした対策の背景には、さまざまな調査結果があります。主に子育て世代の要望に基づいているのですが、そこでよく指摘されているのは〝子育て不安〟の問題です。少々古いですが、文部科学省が平成20年に行った調査によると、子育てに悩みや不安がある父母は4割弱とのこと。「子育ての悩みを相談できる人がいる」という親は、平成14年で73・8％だったのが、平成26年で43・8％と激減しており（UFJ総合研究所調査等）、子育て不安が年々深刻化している様子がわかります。

そんな中、「親ペナルティー」という言葉が生まれました。親ペナルティーとは、最近インターネットを中心に知られるようになった社会学の言葉で、子どもを持つ夫婦と子どもを持たない夫婦では、感じる幸福度にギャップがあることを指すそうです。文脈からわかると思いますが、この場合、残念なことに「幸福度は子どもを持つことによって下がる」という意味で使われています。

しかしよく調べてみると、この言葉の持つ意味は、本来違っていたようです。正しくは「子どもを持つことにより、（幸福度ではなく）収入や社会的地位の面で不利益になること」を意味するものだそうです（とくに母親）。幸福度に関して言うならば、子ども（6歳未満）を持つ夫婦は、いない夫婦に比べて幸福度が高い傾向にある（※）とのことですから、インターネットで言われる親ペナルティーは誤解だったというわけです。

※内閣府経済社会総合研究所による生活の質に関する調査より。ただし、年齢、性別を区切ると逆転する場合もある。

「親ペナルティー」の実際

インターネットの情報によると、親ペナルティー（誤解ですが）の具体例として「幼い子どもを連れて街に出ること」が挙げられていることが多いようです。

つまり、いくら親が若くて体力や財力があったとしても、幼い子どもを連れて街に出る（電車に乗ること、デパートやショッピングセンターを散策すること、レストランで食事をすることなど）と、どうしても弱者にならざるを得ないというわけです。

子どもは環境の変化に弱い生き物ですし、年齢が低ければマナーの理解もできません。満員電車の中では泣き叫ぶこともあるかもしれませんし、騒いではいけないところで騒ぐこともあるでしょう。暑さ・寒さに対しても、大人のような我慢や対応はできません。

こうしたことは、何も街に出たときだけのことではありません。たとえば、親にとっての（自分の）友達付き合いはどうでしょうか。子どもができたとたん、制限が加わるはずです。とくに母親は自分の趣味、スポーツ、習い事などコミュニティーへの参加があるものはもちろん、映画鑑賞、読書といったひとりでできることも、今まで通りにはいかなくなる可能性があります。いずれにしても、「親」は「親でない人」に比べると社会から疎外されてしまうことが多く、それを親ペナルティーと表現しているようです。

ただしこうした問題は、今に始まったことではありません。昭和の時代から、いや、それこそ原始の時代からあったはずです。子どもはいつの時代も変化に弱く、マナーを知りませんでした。ところが、それが急に今になって親ペナルティーだ何だと問題になり始めたのです。これは子育てが急に難しくなったのではなく、周囲の環境のほうが変化したと言わざるを得ません。

足し算と引き算は同時に起こる

私たちの生活を大きく変えたのは、やはりインターネットでしょう。人類にとっては、火の発見や蒸気機関の発明に匹敵するような変化をもたらし、生活のありようを根底から変えてしまいました。今の子育て環境には、インターネットがありスマホがあり、そしてＡＩ（人工知能）があります。たくさんの情報があふれ、インターネットを介した人間関係が成立しています。

このことにより、本当に便利になりました。子育てに関する情報を簡単に得られるようになりましたし、ＳＮＳを通じて子育て中の親同士がネットワークをつくり、情報交換ができるようになりました。民間企業や行政が提供するさまざまなサービスを手軽に使えるようにもなったわけで、こうした変化が悪いわけではありません。それに世界は絶えず変わり続けるものですし、それを止めることもできません。

ただし注意しなければならないのは、このような変化に付随する負の影響です。そして負の影響を明らかにし、それに対して賢く立ち回り、影響を最小限にとどめる、もしくは逆にチャンスとして生かしていくことが大切なのです。

では、インターネット社会が形成されたことによる負の影響について考えてみましょう。このとき頭に置いておきたいのは、「足し算と引き算は同時に起こる」という事実です。これはとても興味深い考え方で、基本的に人の生活に関してなら何にでも当てはまるので、詳しく説明しておきましょう。

わかりやすい例として、子どもにゲーム機を与えたときのことを取り上げます。当然ですが、子どもは喜びます。そして、その日からそのゲームで遊ぶのを楽しみにすることでしょう。このとき、足し算が起きていることは明らかです。つまり、新たなゲーム機がその子の生活に足され、ゲームで遊ぶという行為も加わりました。

しかし、足し算は引き算と同時に起きます。意図しないうちに、自動的に引き算がなされてしまいます。なぜなら、私たちの時間やエネルギーは限られているからです。子どもが自由に遊べる時間だって、無限ではありません。仮に、一日2時間程度だったとしましょう。その2時間をどう使うかは子どもの自由なのですが、そこにゲーム機が加わりました。すると、その大半がゲームをして遊ぶことに費やされることになるでしょう。

その子どもの時間に「ゲームをするという活動」が足されたとき、同時に何が起きるか……。ゲーム機が与えられる前までの遊び（読書、友達と遊ぶこと、工作すること、公園でサッカーをすること）の時間が減ることになり、まったくなくなってしまうことさえあります。つまり引き算が起きたわけです。

ゲーム機を与えたことで、兄弟げんかとか、不機嫌に過ごす時間とか、あまり好ましくない時間が減るのであれば良いのですが、友達と遊ぶ時間や親子の語らいの時間といったものが失われてしまうとしたら問題です。よって、何かを子どもの生活に足そうとする（与える）場合は、何が引かれる（奪われる）のかを考えることが大切だと言えるでしょう。

では、子育てについてはどうでしょう。インターネット社会が子育てに影響を与えたものとして、「SNSを通じて、子育て中の親同士がネットワークをつくり情報交換できるようになった」という良い面があります。これは足し算です。ひと言でまとめるならば、「ヴァーチャルネットワーク」なるものが、子育ての有効な手段として新たに加わったと言えます。

しかし、足し算を行うと、必ずどこかで引き算が生じているはずです。この場合、子育て現場から引かれてしまったものは何でしょうか。

個人差があるでしょうし、子どもの年齢、地域の影響もあると思いますので、一概には言えません。もちろん「ひとりで悩み苦しむ時間」などつらかった時間だけが引き算されるのであれば、まったく問題ありません。しかし、わが子と向き合う（一緒に散歩する、遊ぶなど）時間が引き算されていたとしたらどうでしょうか。夫と一緒に子育てのことを話し合う時間、自分の両親（子どもにとっての祖父母）との時間などが引き算されていたとしたら……？

SNSなどのヴァーチャルネットワークは、いわゆる井戸端会議（この言葉も死語になりつつありますが）のようなリアルな世界でのネットワークを減らす、もしくは壊している可能性があります。さらに言うならば、足されたものが良いかどうか、という質の問題が絡んできます。

子育てに限らないのですが、インターネットの情報はあてにならないものがたくさん含まれています。不安をあおるものもあれば、不正確な情報に踊らされたりすることもあるでしょう。良かれと思って足したものが、害をなしていたとしたら状況は悪くなるばかりです。

インターネットはひとりぼっちをつくるときがある

SNSをはじめとするインターネットサービスによって、人とのつながりを得られると思っている人が多いのではないでしょうか。しかし「足し算と引き算は同時に起こる」ので、手に入れたと同じだけ何かを手放している可能性があります。そして、その大切なものとは「リアルなネットワーク」なのかもしれません。

ちなみに、インターネットがすべて悪いと言っているわけではありませんし、子育て現場からなくせばいいと主張しているわけでもありません。インターネットやSNSが私たちの生活を便利にしていることは確かです。新たなサ

ービスが生まれ、新たなつながりができあがり、今まで絶対に知り合えなかった人とコミュニティーをつくることができるのですから。

ただし、それはあくまでヴァーチャルの世界です。パソコンやスマートフォンを通してのことであり、顔を突き合わせ、同じ空間を共有することが可能な関係性ではありません。

別の言い方をするならば、インターネットを使うとき、私たちはひとりになります。まわりには家族や友人、子どもがいるかもしれませんが、ヴァーチャルの世界につながったとき、その人の心は周囲から切り離されてしまうようです。

電話にだって、そういうところがあります。子どものころ、お母さんが長電話をしていてさびしかった経験はありませんか？　受話器を握りしめ、空間に向かって頷いたり笑ったりする母親は、子どもである自分よりも電話の向こうにいる誰かとの関係を大切にしていると感じたことはなかったでしょうか。

もしかしたら今の子どもたちは、親がスマホをいじっているときに、同じようなさびしさを感じているかもしれません。もちろんスマホでの情報収集ややりとりが非常に重要な場合もあるでしょうが、その行動はその場にいる子どもに対して「あなた（子ども）と一緒にいることよりも、スマホのほうが大切」というメッセージを与えている可能性があるのですから。

そんな風に、デジタルデバイスを使ってインターネットやSNSを使うことは、リアルな世界から切り離されることを意味します。つまり、現実世界でのひとりぼっちをつくってしまいます。繰り返しになりますが、ヴァーチャルなネットワークの足し算は、リアルなネットワークの引き算を引き起こしがちなのです。

愛着が必要

残念なことに、リアルな世界では可能だけれども、ヴァーチャルの世界にはできないことがあります。そのひとつが「愛着（アタッチメント）」です。

愛着とは、「困ったとき、悲しいときなどに、誰かにしがみつくこと」を意味します。ですので、ヴァーチャルな世界でも可能だと思われるかもしれません。実際、困ったときにスマホの向こうの誰かに助けを求めることも癒やしてもらうことも可能だからです。しかし、愛着はリアルな人間関係に依存するので、ヴァーチャルでは不十分です。

考えてみてください。悲しいときには、何も言わずにそばにいてくれる人、一緒に涙を流してくれる人、やさしく抱きしめてくれる人がリアルな世界にいれば、SNSでつぶやくよりずっといいと思いませんか？

いくら親身になってアドバイスをしてくれたとしても、インターネットを通す限り限界があるのです。困ったときは、一緒になってああだこうだ言いながら、解決方法を考えてくれる人、時間をかけて問題を整理してくれる人が必要です。こうしたことをヴァーチャルな世界に任せるには、まだ荷が重すぎるのです。

この「愛着」は、子育て現場では非常に重要なものです。「親子の愛着が大切だ」「虐待に遭った子どもは愛着障がいになる」という話を聞いたことがある人もいるかもしれません。実際、教育現場においては被虐待児への支援が大きな問題になっています。

つまり愛着は、子育ての基礎と言っても過言ではありません。子どもが小さければ小さいほど、困ったときにしがみつくことができる存在（多くの場合は親）がいること、その愛着の対象がいつも安心安全を与えてくれる存在であることが大切です。

何しろ子どもは弱者です。私たちがそうだったように、誰かに依存しなければ生きていけませんし、この世界を生き抜くほどの知識も知恵もスキルもありません。だからこそ、自分を愛して守ってくれる人が存在して、その関係がうまくつくれないと何もかもが不安定になってしまいます。結果として、子どもの発達そのものに問題が出てくることになり、それを「愛着障がい」と呼ぶのです。

このように、愛着は子どもが健全に発達する上で非常に重要なのですが、これは大人にも必要なものです。もちろん、子どもの愛着の対象である親（多くの場合は母親）にもまた、愛着が必要です。愛着という言葉がわかりにくいとするならば、「心のよりどころ」と言い換えても良いでしょう。

大人だって、親だって、ひとりでは生きられない

大人として自立してからのほうが、逆に「人はひとりでは生きていけない」と思い知らされることが多いのではないでしょうか。年を重ねれば重ねるほど人間関係の大切さを知り、誰かに頼らないと生きていけないことに気づかされるものです。

多くの人の場合、愛着の対象は配偶者や家族でしょう。友人の場合もあります。本当に困ったときに誰にすがるのか、ということを考えてみると、その答えが見つかります。

中にはわが子にしがみつき、「親としての自分」に気づくことによって生きていく勇気を得る人もいます。犬や猫など、ペットが愛着の対象という場合もあります。趣味

の世界に愛着の対象を求める人もいれば、アイドルや尊敬する人物を対象にしたり、宗教がその役割をする場合もあります。

相手が子どもやペットだからいけないということはありませんが、こと対象が子どもの場合、自分の愛着を優先させるあまりに子どもの自立を妨げるケースもあるので要注意です。

人がひとりでは生きられないのは当たり前ですし、恥ずべきことでもありません。ひとりでがんばっているように見える人でも、じつはどこかにちゃんと愛着の対象があって、その結果、立派に自立しているように見えるだけなのですから。

そんな中、子育てとなると「母親たるもの、わが子をひとりで立派に育て上げるのが当たり前だ」というような母親神話が存在します。母親が誰かに助けを求めることさえできない雰囲気があるようなのです。逆に母親自身が、子育てについて他人の意見を聞き入れない、もしくはすべて自分でやらなければと極端な態度をとってしまうこともあるかもしれません。

でも、本当はそんなわけありませんよね。子育てこそ、ひとりでやるものではありません。完全にひとりで子育てした人なんて、今まで誰もいなかったはずです。今でこそ、インターネットで子育てに関する情報収集や相談をする人も多いでしょうが、かつては地域に子育てネットワークがありました。もっと前は、どの家も大家族で子だくさんでした。その上玄関から一歩外に出れば、子育ての現場があちこちに見られて、その気にならなくても、勝手に子育て情報が入ってくるし相談もできる、という状況だったのです。

今の時代、ヴァーチャルな世界での子育てネットワークが足し算された分、リアルな世界での子育てネットワークが引き算されてしまいました。足されたものと引かれたものが同じであれば問題なかったのですが、ヴァーチャルな子育てネットワークが余分に便利さを提供してしまったからか、リアルな子育てネットワークにあった愛着が減ってしまったようなのです。ヴァーチャルなネットワークは、孤立さえ引き起こすことがあります。そこに母親神話のような考えが加わって、リアルなネットワークに助けを求めることがいけないような雰囲気がつくられてしまいました。

これは危険であり、何とかしなければなりません。今一度、愛着関係を含んだリアルなネットワークを取り戻す必要があります。もちろん、ヴァーチャルな子育てネットワークをすべてやめる必要はありません。知恵を出して、両方の良いところを手に入れるのです。

「ネガティブバイアス」とは

元来、子育ては楽しくておもしろいものです。子育てしながら、人生をもう一度追体験することができるのですから……。しかも、子どもは無条件でかわいい上に驚きに満ちています。子どもの視点や体験を通すと、世の中のすべてが新鮮かつ刺激に満ちたものになります。ただ「足し算と引き算は同時に起こる法則」の通り、子育ての楽しさと幸せを手に入れる代わりに手放さなければならないことが出てきます。

その引き算の部分だけを取り出して、親ペナルティーなどと表現するのは言語道断。「引き算はなるべく少なく、足し算はできるだけ多く」を心がけていきましょう。

すでに紹介しましたが、幸福度に関する調査によれば「子どもの数が多いほうが幸福度が高い」ことがわかっています。足し算がきちんと生じていることにも注目すべきでしょう。

ちなみに、親ペナルティーや子育て不安など、子育ての引き算の部分ばかり注目されるのには、「ネガティブバイアス」が関係しているかもしれません。ネガティブバイアスとは、私たちが持つ認知の傾向のことで、物事のポジティブなことよりもネガティブなことに注目しがちであることを言います。

ふだんの生活で、わが子の良くないところばかり目についたり、家族の嫌なところばかり気になることはありませんか？　本当は良くないところだけではないはずです。良いところもたくさんあるのに、そういう部分は「フツウのこと」として注目せずに、良くないところばかり気になってしまうのです。

これは日本人の多くが、「当たり前」という言葉を使うことからもわかります。つまりふつうのことは「できて当たり前」「やって当たり前」だから、注目されません。しかし、その当たり前のことができないとなると、とたんに注目を浴びてしまいます。

これは学校でもよくあることです。できて当たり前のこと（つまりふつうのこと）をしているときは何も言われないのに、少しでもミスをすると先生からも友達からも注目されてしまうなどです。

子育ての現場では、親（とくに母親）なら子育てを楽しむこともうまくやることも「当たり前」だと思われているふしがあります。そうでなければ、ネガティブな情報ばかりこれだけ注目を集めるわけがありません。そして、一度ネガティブなところに目が行くともう止まらなくなって、もっともっとネガティブな情報ばかりを集めるようになります。これは確証バイアス（自分に必要な情報を集めて全体像を見誤ること／P17参照）に陥っていることを意味します。

これは、あくまでもバイアス（偏見）です。物事には大変な面もありますが、それに見合うだけの良い面もあるものです。少なくとも、大変なことだけ取り上げるのは公平ではありませんし、それをすべて親の責任だと考えて親ペナルティーにしてしまうのも間違っています。

子育てがうまくいかないのは、周囲の問題

子育て不安など、子育てのマイナス面に注目が集まってしまう理由は、大きく2つあると思われます。ひとつは、ヴァーチャルなネットワークが加わった（足し算）ために愛着を伴うリアルなネットワークが減った（引き算）ことであり、もうひとつは、「親は子育てをひとりでちゃんとやって当たり前」という偏った考えがあることです。

この両方を解決しなければ、楽しい子育ては実現できません。逆の言い方をするならば、現在楽しい子育てが実現できている人は、この2つのことを何らかの形で解決したり乗り越えたりしているはずです。

ではまず、後者（親は子育てをひとりでちゃんとやって当たり前という考え）を変えましょう。どんな風に変えるかというと、子育ての問題をすべて周囲のせいにしてしまうのです。

これは責任転嫁でも何でもありません。子育ての責任を母親のみに負わせるのは、

社会として間違っています。十分かどうかは別にして、行政は子育ての責任を母親のみに負わせないために、さまざまな施策を行っています。私たちの社会は、そういう方向で動いているのです。

もちろん、子育ての当事者である親（主に母親）に問題がないと言っているわけではありません。親だって人ですから、精神的に不安定な場合もあれば、スキルが足りないときもあります。でも、子育てがうまくいかない責任を、その個人的な資質や状況にかぶせてしまっていいのでしょうか？　人であるからには不完全なのは当たり前です。そういう状況で精いっぱい努力しているわけですから、むしろすばらしいことだと考えるべきです。

だから、子育てで悩んでいる子育て当事者のみなさんには、声を大にして言いたいです。「あなたは十分にがんばっています」と――。たとえ精神的な不安定さ、スキルや知識の不足があったとしても、それが「がんばっていないからだ」とは言えません。もし自分で十分でないと思ってしまったとしても、それもあなたのせいではないのです。あなたががんばることができる環境が用意されていないから、そうなっているだけのことです。

あなた（親）が子育てを楽しめないのは、自分の責任ではなく周囲の問題です。だから、それをチェックし、周囲

の問題を解決してもらえるように働きかけましょう。

まずは家族の状況を確認してください。配偶者、親（子どもから見ると祖父母）の協力は得られていますか？　ちなみに「口を出す」のは協力と言えません。愛着関係のところで説明した通り、困ったときに相談できるのか、助けてもらえるのかが重要です。つまりリアルネットワークの再構築です。

ヴァーチャルネットワークに頼るのは、リアルネットワークがなくなっていることが問題でしょう。足し算が先に起こったのではなく、リアルネットワークの喪失という引き算が先に起こって、それをヴァーチャルが埋めている可能性があります。だとしたら、早急にリアルネットワークを取り戻さなければなりません。

この際、批判的な態度や上から目線は遠慮してもらいましょう。気持ちの共感が大切です。子育てから逃げずに、一緒に進んで行こうという態度、つまり当事者であることを共有してもらわなければ、愛着関係を築けません。

手を動かしてもらうことも重要です。具体的に子どもを預かったり、家事をやったりしてもらいましょう。親（主に母親）だって、リフレッシュの時間が必要であり、それは認めてもらわなければいけません。金銭的な援助も重要です。お金で時間的余裕を買うということだってできるからです。

夫（父親）がヴァーチャルの世界に逃げ込むのを許してはいけません。子どもはリアルな世界に生きています。そこを支えるためには、夫婦のリアルな関係を基本にすべきでしょう。

今はシングルマザーも珍しくありません。そうでなくても、夫はもちろん、自分の親やきょうだいなど、家族に頼れない状況もあることでしょう。とするならば、家族以外で家族同様に相談に乗ってくれたり手伝ったりしてくれる存在を探すことが大切です。

身近で見つからない場合は、行政がそこを支えることになっています。役所には子育て支援の窓口がありますから、堂々と支援を受けましょう。支援を受けることは悪いことではなく、当然の権利の行使です。支援を十分に生かせば、その分子どもが幸せになります。そして、幸せな子どもは、将来社会を支える健全な市民として社会に貢献してくれます。

でも、もしかすると行政の支援では十分でない可能性があります。その場合でも、堂々と支援の必要性を訴えてほしいのです。そして、あきらめずに探してほしいと思います。世の中には、子育て支援に力を発揮したいと考えている人がたくさんいます。NPOや市民団体を組織したり、ボランティアをしたりしている人たちです。この部分は、まさにインターネットを使って探すことができるかもしれません。

とにかく、リアルなネットワークを作ることをあきらめないでください。疲れたら疲れたと弱音を吐けるような場を探してください。大切なのは、「子どもの幸せのためならばどんな支援を求めてもいい」という考え方だと思います。

そして、子育ての現場に科学を——

子育てはひとりでするものではありません。今の大人が子どもだったときも、その前も、子育てをするためのリアルネットワークが存在していました。ところが、そうしたリアルネットワークが、今の日本では少なくなっているか、あったとしても十分に機能していない可能性があるのです。

独立行政法人国立女性教育会館が、海外の子育てとの比較研究を行ったところ（表28）、日本は他国に比べて「育児の本を読んだこと」によって親になる学習をしたと答えている人が多いことがわかっています。また、他国よりも「親戚や知人の子どもの世話」「小さい弟や妹の世話」「よその家のベビーシッターをする」といった実体験が少ないとのことで、まさにリアルな体験の少なさ、ネットワークの減少が見てとれます。

この背景には、「親だけが子育てをするもの」「親が子育ての責任を全面的に負わなければならない」という意識があり、どうやらそれが親ペナルティーや子育て不安を引き起こしているようです。

よって、親（とくに母親）自身が開き直り、自らの環境調整を行うか、親の周囲にいる者が子育てを支える精神的・物理的な支援を行うことができるよう心がけていくべきだと思います。

しかし、たとえそこに支援の手が伸びたとしても、そこで使われる知識やスキルが間違っていたのでは意味がありません。昭和の時代に良いとされていた子育ての方法の中には、時代の進歩とともに否定されているものがあります。逆に良くないとされていた方法が、じつはとても意味があるとわかったこともあります。

念のために書いておきますが、ここでの正しいかどうかの判断は、その時代における最新の科学で行わなければなりません。「偉い先生が言った」とか「こういう考え方が好きだ」とか、そういうことを重視するあまりに間違った方法で子育てを行い、結果として誰あろう子どもが不利益を被るようでは困るからです。

表28● 親になることについての経験・学習

	日本		アメリカ		フランス	
1位	育児の本を読んだ	29.9%	親から教えてもらった	54.6%	弟や妹の世話	28.1%
2位	親から教えてもらった	29.4%	親戚や知人の子どもの世話	39.2%	親から教えてもらった	27.4%
3位	親戚や知人の子どもの世話	28.6%	よその家のベビーシッター	37.7%	親戚や知人の子どもの世話	19.3%
4位	弟や妹の世話	18.2%	弟や妹の世話	36.0%	よその家のベビーシッター	18.8%
5位	テレビなどで学んだ	11.3%	育児の本を読んだ	25.5%	育児の本を読んだ	15.5%
6位	地域の学級・講座に参加	10.9%	学校の授業で学んだ	13.2%	テレビなどで学んだ	6.3%
7位	学校の授業で学んだ	6.6%	地域の学級・講座に参加	11.4%	学校の授業で学んだ	4.2%
8位	よその家のベビーシッター	1.4%	テレビなどで学んだ	10.8%	地域の学級・講座に参加	2.0%

※平成16・17年度「家庭教育に関する国際比較調査報告書（独立行政法人 国立女性教育会館）」より

特定NPO法人子育て学協会が6歳以下の未就学児童を子を持つ親に行った調査（2014）によると、「何となく子育てに自信が持てないように思う」と回答した人が全体の48・4％、「子育てについていろいろ心配事がある」と解答した人が58・6％とのことです。しかも、その子育て不安の具体的内容としては、「つい感情的に叱ってしまうことが多い」「叱り方がよくわからない」といった基本的なことが多かったのです。

本書をここまで読んでくださった人はわかっていただけると思うのですが、叱り方やほめ方を含めて、子育てには科学が使えます。いえ、重要なことだからこそ科学を使うべきでしょう。科学とは、これまでの人類の英知の集積だからです。

本書で紹介したことは、子育てに使える科学のほんの一部です。子どもたちの将来の幸せはもちろん、子育ての当事者である保護者の方々や家族の幸せと、質の高い生活の実現のためにも、科学を学び、科学を使っていくことがいっそう必要だと思うのです。

真実 10

子育てを楽しめる状況をつくる

Point

□子育て不安は、「親ペナルティー」という言葉が
誤解されるほど深刻になっている。

□私たちの生活では、足し算と引き算は同時に起こる。
私たちの時間やエネルギーは一定であるため。

□子育て環境では、ヴァーチャルでのネットワークが足し算された代わりに、
リアルなネットワークが引き算されてしまった可能性がある。

□インターネットサービスは便利だが、
リアルな世界でのひとりぼっちをつくる場合がある。

□子どもには愛着が必要だが、大人も親も同様に必要なもの。

□子育てがうまくいかない、楽しめないとしたら、
その原因は周囲にあると考えるのが良い。子育ての責任を母親のみに負わせるのは、
社会として間違っている。

□子育てはひとりでするものではない。配偶者、親（子どもからは祖父母）が
当事者意識を持ち、主たる養育者（母親）の愛着の対象となって、
リアルなネットワークで支えることが重要。

□子育てを楽しむためには、科学を使うのが良い。
子育ては重要だからこそ、科学を使うべき。

+α

発達障がいは「理解」が大切

＊ここでは、発達障がい全体について取り扱います。ＡＳＤ（自閉スペクトラム症）、ＡＤＨＤ（注意欠如多動症）、ＬＤ（学習障がい）など、それぞれの障がいの特徴や支援法についてはふれません。

発達障がいとは何か？

発達障がいについて、どのようなイメージがありますか？　最近は、さまざまなメディアで取り上げられることが増えてきたため、かなり認知されてきたようです。大人の発達障がいが注目を浴び、自分が発達障がいではないかと考える人もいますし、実際に発達障がいの診断を受ける人もいます。

わが子が発達障がいではないかと指摘されて不安になる親御さんも多いでしょうし、わが子のクラスや友人に発達障がいの子どもがいて、どう対応したら良いのか思い悩む人もいるかもしれません。

その結果、多くの人が発達障がいについての情報を求めます。インターネットで検索する人、図書館や書店に行って本がないか探す人もいるでしょう。しかし、そうやって情報を得たにもかかわらず、「それでもよくわからない」というのが発達障がいではないかと思います。ここではそうした現状をふまえて、発達障がいでとくにわかりにくいこと、誤解されがちなことについて考えてみたいと思います。

ではさっそくですが、発達障がいとは何かをはっきりさせておきましょう。まずは法律です。2005年に施行され、2016年に改正された発達障害者支援法では、発達障がいを次のように定義しています（一部抜粋）。

第二条　この法律において「発達障害」とは、自閉症、アスペルガー症候群その他の広汎性発達障害、学習障害、注意欠陥多動性障害その他これに類する脳機能の障害であってその症状が通常低年齢において発現するものとして政令で定めるものをいう。

2　この法律において「発達障害者」とは、発達障害がある者であって発達障害及び社会的障壁により日常生活又は社会生活に制限を受けるものをいい、「発達障害児」とは、発達障害者のうち十八歳未満のものをいう。

2013年にDSM-5（※）が出されたことに

※ DSM-5

アメリカ精神医学会による診断分類。現在最も広く使われているが、高頻度で改訂されるため、今後も変更が予想される。

より、よく知られた「アスペルガー症候群」や「広汎性発達障害」という名称が「自閉スペクトラム症（ASD）」とまとめられ、「注意欠陥多動性障害」を「注意欠如多動症（ADHD）」と呼ぶことが多くなっているなど現状と異なるところもありますが、大切なことはしっかりと書かれています。

中でも「脳の機能障害」であることと「通常低年齢において発現する」こと、この2つが大切です。では、「脳の機能障害」について説明しましょう。

機能障がいとは、何らかの機能が損なわれていることを意味します。足の機能障がいであれば、本来の機能である「歩く」や「走る」ができないことを意味します。ですので、車椅子を使っている人の多くが足に機能障がいがあると言えるでしょう。目の機能障がいは、「目が不自由な人」で、「見る」という機能が損なわれていることを意味します。

そうして考えると、脳の機能障がいが意味するところもわかってきますが、問題は脳には非常に多くの機能があることです。「考える」はもちろん、「話す」「人の話を理解する」「手順良く行動する」なども脳の機能。「記憶する」もそうですし、「うれしい」「悲しい」などの感情も脳の機能の一種です。

発達障がいの人は、こうした脳の機能の一部（もしくは複数の部分）に障がいがあり、いわゆる定型発達の人（通常の発達をする人、すなわち発達障がいのない人）と同じようにできません。

しかも、このことが「低年齢で発現する」、つまり人生の早い時期（小学校入学前）に明らかになるわけですから、これは本人の努力不足でも育て方の問題でも、まして親の愛情不足でもなく、生まれつきだと言えます。ここが発達障がいを理解する上で本当に大切なところであり、十分に理解しないと、本人や親、家族を傷つけてしまうことになります。

見えないことの難しさ

足が不自由な人（足の機能障がい）は、多くの人が一瞬でその困難さを理解することができます。

パッと見て足の形状が違っていることもありますし、何よりも車椅子を使ったり杖をついている時点で、何か問題を抱えているのだろうと想像できるのです。視覚障がいや聴覚障がいの人も、白い杖を使っていたり補聴器を装着していますし、その様子を見ただけである程度理解することができるでしょう。

ところが、脳の機能障がいはそうはいきません。ひと口に脳の機能障がいと言ってもさまざまなタイプがあり、まわりから見て判断することが難しいものです。高齢者の認知症を早期に見つけることが難しいのと似ているかもしれません。

認知症の人の多くは物忘れが増えると言いますが、物忘れなんて誰にでもあることですよね？それを脳の機能の衰えとすぐに結びつけて考えるのは難しいものです。もともと忘れっぽい人なのか、急にそうなってきたのか、いつも一緒にいる人ならまだしもなかなか理解できないわけです。

発達障がいも同じです。発達障がいのひとつであるＡＳＤ（自閉スペクトラム症）の人には、「他人の意図がわからない」「こだわりがある」などの特徴がありますが、それが障がいからくるものなのか、たまたまそのときだけのことなのか（経験がない、体調が悪いなど）わかりません。こだわりなのか趣味の範囲なのか、ということもよく議論になるところです。

もし私たちの頭蓋骨が透明で、発達障がいの人の脳の形状や働いている部分が違っていれば、「他の人とは違うんだ」とわかるでしょうが、そうはいきません。そこに難しさがあると言えます。

実際、ヒトが生きているままの状態で、脳の形状や動きを脳画像で観察できる機械（ＭＲＩやＰＥＴなど）が発明されてから、発達障がいの研究が大きく進んだという歴史があります。その結果、発達障がいの人が他の人とは違う脳の機能を持っていることの証拠が次々に見つかってきています。

ただしこうした機械を動かすには、かなりお金がかかります。狭い空間でじっとしていなければならなかったり、微量ではありますが放射性物質を体内に入れたりしなければなりません。しかも脳機能は複雑です。そのため、今でもこうした機械によって発達障がいかどうかを診断することは現実的ではありません(※)。胸のレントゲンを撮れば肺炎を簡単に診断するのと同じようにできれば良いのですが、そうはいかないわけです。

では、どうやって発達障がいだと診断する(見分ける)ことができるのでしょうか。見てわからなければ他の方法を使うしかないのですが、何か検査はないでしょうか? 血液検査や尿検査、身体検査で扱うような指標(生物学的指標/バイオロジカルマーカー)が多くの疾患の診断に使われていますが、発達障がいではそうした値を使うことはできません。

ではどうすれば良いのか(どうしているのか)ということですが、ここで私たちが注目すべきなのは「行動」です。

行動で判断することの危うさ

発達障害は脳の機能障がいです。しかし、脳機能は外から観察することができませんし、いわゆる生物学的指標によって判断することもできません。そのため「行動を観察する」ことにより、発達障がいかどうかの判断をします。私たちの行動は、脳の機能を反映しているからです。

いわゆる学習はもちろん、喜怒哀楽、意欲の有無、精神的な安定、物事への取り組みの状況、友達と遊ぶこと、すべては脳機能の反映です。私たちもそのことはよくわかっていて、他人の行動を見て「バカだなあ」と思ったり「賢い人だなあ」と思ったりしますよね。

ただし「単に行動を観察する」となると客観性が失われてしまうので、ある程度の基準を定めなければなりません。たとえば、知能検査で使われるIQ(知能指数)のような数値です。

こうした検査は一般的に心理検査と呼ばれますが、「ある問題を提示したときにその人がどのような行動(言葉による回答を含む)をするのか」を点数化しています。行動からその人の心理や脳機能を推し量るテストなのです。

発達障がいについては、ひとつの心理検査だけでなく、数種類を組み合わせたり行動観察を行うなど、さまざまな方法によって診断されます。し

※最近では、AIを使ってMRI画像を解析し、ASDかどうかを見分ける技術が開発されている。

かし一方で、ベテランの医師や臨床心理士が対象となる人（子ども）の様子を聞き取ったり観察したりする中で、何の心理検査も行わずに診断・判断してしまう場合もあると聞いています。いずれにしても発達障がいかどうかは対象者の行動を観察することによって判断しますが、ここに大きな問題があるのがおわかりになるでしょうか。

このことは、自分の行動を振り返ってみるとわかりやすいと思います。あなたの行動は、いつも一貫していますか？「どんな場面でもだいたいいつも同じような傾向の行動を示す」のであればことは簡単なのですが、人の行動はどうしてもその場の環境の影響を受けてしまうものです。

まず、緊張しているときとそうでないときはかなり違います。多くの人がいる前、初めての人の前ではしゃべらないのに、家族と一緒のときはずっとしゃべっている、というようなことはふつうにありますよね。生物学的指標であればある程度客観的な検査結果を得られますが、行動の場合は環境から影響を受ける度合いや内容が人によって違うため、余計に複雑になるのです。

例を挙げましょう。ある子どもが学校で非常に落ち着きがないとします。多動傾向で、授業中もそわそわしていて途中で立ち歩くこともあります。先生が注意しますが、言うことを聞きません。それで担任の先生が親を呼び出して「あなたのお子さんは多動で困る」なんて話をしたとします。

ところがお母さんはびっくりします。なぜならその子どもは、家ではとても落ち着いているからです。担任の先生が「あなたのお子さんは落ち着きがない」と言うのに対し、お母さんは「そんなことはありません。うちの子が多動だなんて信じられません」と返す……。

こうなったとき、担任の先生は「母親は嘘をついているんだ。多動であることを認めると、特別支援教育を勧められると警戒しているんだ」と考えるかもしれません。親のほうは「担任は指導力がないのを棚に上げて、わが子のせいにしようとしている」などと思うかもしれません。しかし実際には、担任の先生の言い分も親の言い分も正しいということがあり得るのです。

あなたは自宅と仕事場でまったく同じ行動をし

ますか？　もしくは子どもだったころ、自分にとって居心地の良い場所である自宅と、緊張の連続である学校とで、同じ行動をしていましたか？　もちろん違いますよね。極端な話、仕事場では非常に明るくて社交的な人が、家に帰るとむっつりと無口になる場合がありますし、その逆もあるはずです。

子どもも同様です。学校と家庭ではまったく環境が違うわけですから、行動だって変わってもおかしくありません。多くの場合、自分にとって居心地の良い家庭では問題が起きにくくなり、逆に刺激が多くてさまざまなことが次々に起こる学校では問題が起きやすくなるようです（もちろんその逆もあり得ます）。

その結果、例に挙げた先生と親のようなずれが生じるのですが、これと同じことが発達障がいの診断の場面で起こることがあります。誤解のないようにしてほしいのですが、専門家（発達障がい児の療育や相談を専門とする臨床心理士など）は本来、こうした環境の影響を考慮に入れた上で子どもの行動を観察し、発達障がいかどうかを判断します。しかし、それでもうまくいかないことがあるのです。

発達障がいの診断は専門医が行うことが普通ですが、そうした専門医でさえ、通常は診察室の中でしか対象の子どもを観察しません。わざわざ学校や家庭の様子を見に行くことは、めったにないと考えるべきです。そのため専門医は、学校や家庭の様子についての情報を間接的に得ます。具体的には親から聞くか、学校から聞くということになりますが、それが偏っていたらどうでしょうか。

親はもちろん、担任の先生だって専門家ではありません。子どもの行動を客観的に観察するのはとても難しいことです。環境の影響、そのときの状況からくる流れを読み取りながら、対象の子どもの行動を評価するのはとくに難しく、観察者の思い込みの影響も出てきます。意図的に、自分に都合の良い情報のみを医師に伝えることだってあるかもしれません。

ただそれはすでに織り込み済みで、ＡＤＨＤ（注意欠如多動症）の診断基準には不注意や多動などの特徴的な行動が「6か月以上続いていること」「複数の場面で見られること」などがきちんと入っていいます。ですが、しかしそれでも、ある場面だけの行動だけが脚光を浴びてしまうことがありますし、実際そうした行動により本人もまわりも困っているのは事実ですから、これがさらに困難な状況を作り出してしまいます。

行動は環境の影響を受ける

発達障がいは脳の機能障がいと定義されますが、脳機能を直接見ることはできないため、行動を観察することによって脳の機能障がいを想定した上で診断されます。しかし問題は、行動が環境の影響を受けることです。

子どもの学校での様子と家での様子、どちらが本当の姿かと問われれば、どちらも本当の姿と答えざるを得ません。これが非常にわかりづらく、時として混乱を招くのですが、この状況は前向きにとらえることができます。発達障がいを理解する上で、良いニュースといってもいいくらいです。

なぜなら、環境を変えることによってその人の行動を良い方向に変えられる可能性があるからです。

もちろん、これは障がいのあるなしに限りません。どんな人でも、初めての場所やよく知らない場所では緊張します。そういうストレスのある場所では居心地が悪く、リラックスできません。逆に慣れた場所、好きなものがたくさんある場所では、楽しく過ごすことができますし、問題が生じることはめったにありません。

障がいのある人にとってこうした環境の影響は大きくて、その結果、「バリアフリー」とか「ユニバーサルデザイン」という言葉ができました。バリアフリーとは、障がいのある人がその障がいを感じにくくなる環境（たとえば車椅子の人のためにスロープやエレベーターが準備されていたり、目の不自由な人のために点字ブロックや音による指示が設置されていること）ですし、ユニバーサルデザインは「障がいのある人にとって良い環境は、障がいのない人にとっても楽な環境である」という考えから、障がいのある人を含んだすべての人にとって良い環境をつくることを言います。

発達障がいも同じように考えることができます。発達障がいの人の中には、少し環境を整えるだけでその障がいが見えにくくなるケースがあります。足が不自由な人でも、車椅子がありスロープやエレベーターがあり、その人に合わせた車があれば、ほとんど問題なく移動できるのに似ています。

ただし、発達障がいと言ってもいろいろです。同じ環境設定が、ある発達障がいの人には良くて別の発達障がいの人には合わない、ということも起こり得ます。

また、環境設定がいくら有効だとしても（環境設定が発達障がい、とくにＡＳＤの子どもや大人にとって大切なことはすでにたくさんの研究で証明されています）、過度な期待をしてしまうのは避けなければなりません。車椅子とスロープがあったとしても、足が不自由な事実は変わりありませんし、車椅子が用意できない環境やスロープがない場所だってあるでしょう。同じように環境設定は発達障がいの人にとって重要ではありますが、それが魔法のように障がいを消してしまう力を持っているわけではないのです。

「環境設定」とは何か

先ほどの「学校で多動傾向が見られる」という例に戻りましょう。ある男の子が家ではおとなしいのに、学校ではイライラして友達とトラブルを起こすことが多いわけです。同じ子どもなのに、行動の傾向が違うのには理由があって当然ですが、ここは環境の影響と考えるべきでしょう。

時として、「場面によって行動を変えるのはその子が悪いからだ」と言う人がいますが、それは間違っています。そうせざるを得ない状況をつくっているのが環境である、と理解すべきです。私たち大人は、子どもの問題について「子どもの責任を問わない」という立場をとるべきです。なぜなら、すべての子どもが成功したい、ほめられたい、認められたいと考えているからです。

さて、子どもに問題はないとするならば、当然、環境の差が子どもの行動に影響を与えていることになります。環境というと、つい物理的な環境（部屋の広さ、空調、家具の配置など）に注目しがちですが、それだけではありません。

その他にも時間的環境（ある活動をする時間の長短）、ワークシステム（そこでやるべきことの内容、難易度、興味のあることかどうか）、そして人的環境（そこにいる大人、子ども、その人たちの行動や言葉）、視覚支援（見てわかるような環境が作られているか）などがあります。これらすべてが子どもの行動に影響します。この考え方は、TEACCHプログラム（P48参照）を参考にしています。

では、家と学校の環境を比べてみましょう。物理的環境の違いは確かに大きいですね。ざっくり言うと、学校は広くて空間が開放的なのに対して、家庭は心地良い狭さで閉じられています。学校はいろいろな公共の物であふれているのに対し、家庭は自分の好きな物、自分が自由に使って良い物がたくさんあります。視覚支援についてはさまざまです。発達障がいの子どもに視覚支援が有効だということが知られてきましたが、かと言ってどの学校でも十分な対策がとられているわけではありません。学校にしろ家庭にしろ、中心になる支援者の知識によって違うのが現状のようです。

次に時間的環境やワークシステムはどうでしょうか。学校は授業時間と休み時間などの差がはっきりしていて、すべてが時間割通りに進みます。やるべきことも明確で、そうした活動も時間の長さも個人に合わせて調整することが難しいです。逆に家庭では日課も活動内容も流動的で、その日によって変化します。親やきょうだいの都合で急な変更だってあるでしょう。

人的環境にも大きな違いがあります。たとえば、学年や学校が変わると、担任などその子の指導支援にあたる人、まわりにいる人が大きく入れ替わって、それが子どもの行動にかなりの影響を与えます。相手によって対応が変わるのは、私たち大人も同じですよね。

たとえば、同じことを言われても、素直に納得できる人と反抗したくなる人がいます。その人とのこれまでの関係性、その人の立場、年齢、性別、雰囲気など、言葉にできないことが複雑に影響しているのでしょうが、それは子どもも同じです。発達障がいがあろうがなかろうが、誰だってそうなのです。

生まれたときからずっと一緒にいる親と、多くの子どもを集団として受け持つ担任の先生とでは、当然ながら差は大きいでしょう。長く一緒にいる結果、子どもの特性を十分に理解してすばらしい支援者になっている親もいますし、そうでない人もいます。担任の先生だって、発達障がいについて詳しい知識を持って適切な支援ができる人もいれば、その逆のパターンもあります。

いずれにしても、人的環境は重要です。なぜなら、身近にいる人が発達障がいに関する正しい知識を持っていて、対象の子どもをよく理解していさえすれば、その人が物理的環境も視覚支援も、時間的環境やワークシステムもすべて整えてしまうからです。逆に、その子の支援の中心になる人物（たとえば担任の先生）が無理解であるならば、すべてが困難な方向に行ってしまうことでしょう。

では、どうすれば良いのか。これはとてもシンプルで、まわりにいる人こそ発達障がいのことを正しく理解できるように、学んでもらわなければならないのです。

「大変な子ども」＝発達障がいではない

「発達障がいの子ども＝さぞかし親も先生も大変だろう」とか「大変な子ども＝発達障がいに違いない」のようなことがよく言われますので、最後にそのことについて考えてみたいと思います。

振り返ってみると、2000年前後は「キレる子ども」が話題になりました。思春期の子どもの不可解な事件が相次ぎ、「心の闇」などという言葉もよく聞かれるようになりました。小学生の暴力も増え、学級崩壊など、授業を成立させることが難しい状況が話題になりました。

そうした中、2002年に文部科学省は「通常の学級に在籍する特別な教育的支援を必要とする児童生徒に関する全国実態調査」を行いましたが、通常の学級に在籍する児童生徒のうち、6・3％に何らかの特別な支援が必要であることがわかりました。これはクラスに1人以上、何らかの特別な支援を必要とする子どもがいることを示し、これは教育関係者を大いに驚かせたのでした。

この調査は、名前の上では「特別な教育的支援を必要とする児童生徒」を調べていることになっていますが、文脈としては「発達障がい児の在籍率調査」です。そのため、文部科学省の意図とは別に、それまでのキレる子ども問題や小学生の暴力などがリンクされ、「大変な子どもが増えた」＝「発達障がいの子どもが増えた」という図式が広まってしまった可能性があります。

実際に当時の学校では、「大変な子ども」＝「発達障がい児」として語られていました。しかもその影響は大きくて、保護者も「わが子が発達障がい」＝「大変な子どもとして認定されてしまう」と考えざるを得なくなっていました。

では、改めて考えてみてください。「大変な子ども」＝「発達障がい児」というのは本当なんでしょうか。そこに何らかの根拠はあるのでしょうか？

まず発達障がいの診断基準をチェックしてみましょう。発達障がいの代表的なものとして、ASD、ADHD、LD（学習障害）がありますが、その診断基準はDSM-5でどのように記述されているのでしょうか。

詳しいことは割愛しますが、「大変な子ども」にかかわる部分として、どの診断基準にも「その症状により、社会的、職業的／学業的に明らかに支障が出ているもの」のような記述が入っています。

冒頭で取り上げた発達障害者支援法でも似たような記述があり、第二条の2で、「発達障害者とは、発達障害がある者であって発達障害及び社会的障壁により日常生活又は社会生活に制限を受けるもの」と記されています。単に発達障がいの特徴となる行動が見られるだけでなく、「日常生活又は社会生活に制限を受ける」ことが条件になっていて、その部分はDSM-5と同じです。

勘の良い人は、「グレーゾーンのことを言っているんだな」とか「スペクトラム（連続体）なんだな」と思うかもしれません。ASDの診断を受けなくてもコミュニケーションが苦手な人はいますし、特定のことにこだわる人もいます。ADHDでなくても、不注意傾向でよく忘れ物をする人がいれば、多動傾向があって落ち着きがない人もいます。こうした人たちは「グレーゾーン」と呼ばれることが多いようですが、要するに、行動の特徴はあるけれど生活に支障が出ているとは言いがたく、

「ぎりぎりセーフであろう」ということです。

障がいがある人とない人の間には明確な境界線があるわけではなくて、あくまで連続体であり、ちょっとしたこと（たとえば環境）によって、どちらの側になることもある……そんな風に理解できるということです。これが発達障がいの難しさでもあるのですが、これは発達障がいに限ったことではありません。

たとえば、視覚障がいのあり／なしの境界線はどこにありますか？　近視や遠視、老眼などでメガネをかけている人は多いですし、メガネだけでは十分に矯正できない人もいます。聴覚障がいもそうです。誰でも年をとると耳が遠くなりますが、それらがすべて障がいだと言えるでしょうか。

前述したように、環境の影響もあります。周囲の人の理解があり、環境が整っていれば、わざわざ障がい者と名乗る必要がないかもしれません。逆にまわりの人の理解を求めるために、障がい者手帳などの公的な証明を受けざるを得ない人もいることでしょう。

つまり、身体障がいだろうが発達障がいだろうが、障がい者かどうかはその人次第、まわりの人や環境次第というところがあります。もちろんその一方で、誰が見ても疑いなく障がい者だし、そうとらえるべきだという人もいます。このあたりはとても難しいことで、その結果「生活に支障が出る」という文言を入れざるを得なくなった、というわけです。

とすると、ここまでの話の中でこのように理解する人が出てくるかもしれません。なるほど、やっぱり「発達障がい」＝「大変な子ども」だ、「発達障がい」と診断するには「生活に支障が出る」、つまり「大変な子ども」である必要があるからだ――。しかし、これも間違っています。なぜなら、ここで言う「支障が出る」の主体はあくまでも本人です。周囲の大人ではなく、本人の問題なのです。

発達障がいの診断を受けていてもいなくても、本人だけが困っていて（生活に支障が出ていて）、まわりが困っていない例はたくさんあります。逆に周りが困っているけれど、本人はまったく困っていないというケースもあります。

ＬＤで文字を読むことが難しい子どもがいたと

します。本人は学校でかなり困っています。ですが、それを我慢して単に静かに座っていたとしたらどうでしょう。先生は気づかず、「しっかり読みなさい」とありきたりの指導をして済ませるかもしれません。そうしたとき、少なくとも大人たちはその子を「大変な子ども」と認識しない可能性があります。

逆に、発達障がいではないけれども家庭環境がとても大変な子どもがいたとします。親も生きていくのに精いっぱい、子どもの世話を十分にできない、いわゆるネグレクト状態です。そういう場合、子どもはストレスをたくさん抱えて学校に来るので、暴れてそれを発散することがあります。当然子どもも困っているのですが、ひとつの場面を切り取って考えるならば、子どもは大いに満足している可能性があります。つまり困っているのは大人で、子どもはむしろ困っていません。大人たちは、その子が大暴れする理由がわからないし、対応法もわからないという形になります。

もちろん、この子どもの問題の原因はおそらく虐待（ネグレクト）にあって、発達障がいではありません。中には発達障がいとネグレクトの両方が掛け合わされるような、複数の問題が重なることもありますが、これらを簡単に発達障がいの問題だと済ませるわけにはいきません。

学校の先生をはじめとする大人たちが、「それまで見たことのない大変な子ども」について、そのころ話題になっていた「発達障がい」をかぶせて理解した、というのが「発達障がいの子どもが増えた」と言われる真相なのではないでしょうか。

発達障がいの子どもそのものは、学べば学ぶほど私たち自身の分身であると思えてきて、とても興味深く、そしていとおしい存在です。だから最後に強調しておきます。発達障がいがあろうとなかろうと、子どもには可能性がたくさんあり、正しい知識で正しい支援をすればよく育ち、間違えればそうではなくなります。発達障がいの子どもは、とても敏感なので、ちょっとした環境や対応の仕方次第で、大きく反応するのです。

だから私たちは、子どもの発達そのものと、発達障がいや教育、子育て支援の方法について正しい知識を得なければならないのです。

おわりに

私は以前、特別支援学校の教師として20年以上勤務していました。しかし、長い経験を積んだ教師（つまり教育のプロ）でありながら、わからないことがたくさんあったのです。

目の前にいる生徒をほめるべきか叱るべきか、といったシンプルな疑問はもちろん、果たして自分が教えていることが本当に子どもの将来の役に立つのか、学校のルールを守らせることが大切なのか、という根本的な疑問についても、明確な答えが出せずにいました。

２０００年を過ぎてからいわゆる発達障がいの子どもたちと出会い、さまざまな学校の相談に乗る立場になってからは、多くの人の前で語りながらも、実際には本当にそのアドバイスで良いのかといつも不安に思っていたものです。

誤解してほしくないのですが、私がまじめに仕事をしていなかったわけではありません。多くの先生たちと同じく、子どもたちのために私なりに誠実に仕事をしていたのですが、それでも十分ではなかったと思います。

さらに言うならば、日本の学校の先生たちは他国に比べても優秀で、ひたむきにがんばっています。もちろん中には問題のある先生もいるのですが、多くの先生は子どものためにがんばろうという意欲があり、必死に努力しているのです。

しかし、私の場合はそれでも難しい状況でしたし、教師の間で意見が分かれることも多々ありました。今思えば、私たち教師が頼っていたのはそれぞれの「経験則」だったのです。そこに科学がなかったことから、どうしても間違ってしまう危険性があったのだと思います。

そんな風に悩みながら仕事を続けていたとき、縁あって大学院に誘われました。そこは大阪大学大学院連合小児発達学研究科という、当時できたばかりの博士課程です。子どもの発達に関することを、私のような教育分野の人間だけでなく、医学や心理学、福祉学などさまざまな分野をバックグラウンドとする人が集まって、子どもの発達に関する科学的研究を進めていこうという非常に刺激的な場所でした。

そのときの教授に言われたのは、「子どもの発達支援や教育については、すでにたくさんの研究があるんだよ」というシンプルな事実です。実際に研究の場に身を置いてみて、その言葉に嘘がないことを知りました。それどころか、本書で紹介していることを含め、脳科学、行動科学、疫学統計学などの分野でたくさんの研究がなされ、エビデンスのあるプログラムが次々に開発されていたのです。

「教育、子育ての分野に科学を使う」と言うと、抵抗を感じる人も多いようです。「教育や子育てに科学を使うなんて、冷たすぎる。そこで大切なのは子どものことを思う気持ち、愛だろう！」と声を荒げる人もいます。

気持ちはよくわかります。でも、子どもたちのことを思うのであればこそ科学を使いましょう、と私は言いたいのです。

科学は道具です。自分たちの生活を快適にするために科学を使っているように、教育や子育てを効率良く、しかも楽しく行うために科学を使うべきではないでしょうか。

この本は、教育や子育ての現場でがんばっている保護者のみなさん、先生たちに、わかりやすく科学的なアプローチを紹介することに重点を置きました。「これは使えるぞ！」「おもしろい！」と思っていただけるとしたら、大変光栄に思います。さらに、ここで紹介した方法を使ってみて、「うまくいった」という成功体験を積んでいただければ、それに勝る喜びはありません。

すべての子どもたちの健全な発達と幸せの未来を実現できるように、私もみなさんと一緒に、できるだけのことをしたいと思います。何しろ、子どもたちは私たちの未来でもあるのですから。

最後に、本書を執筆するにあたり、その構想段階から惜しみない支援をしてくださった緑書房の川田央恵さん、私が所属する（公社）子どもの発達科学研究所のスタッフのサポートに心より感謝いたします。ありがとうございました。

［参考文献・ウェブサイト］

『幼児教育の経済学』
ジェームズ・J・ヘックマン 著（東洋経済新報社）

『マシュマロ・テスト 成功する子・しない子』
ウォルター・ミシェル 著（早川書房）

『「学力」の経済学』
中室牧子 著（ディスカヴァー・トゥエンティワン）

『応用行動分析学 ヒューマンサービスを改善する行動科学』
島宗理 著（新曜社）

『21 世紀型スキルとは何かーコンピテンシーに基づく教育改革の国際比較』
松尾知明 著（明石書店）

『自閉症児のための TEACCH ハンドブック』
佐々木正美 著（学研プラス）

OECD Skills for social progress: The power of social and emotional skills
https://www.oecd.org/education/ceri/skills-for-social-progress-executive-summary.pdf

（公財）日本財団　不登校傾向にある子どもの実態調査
https://www.nippon-foundation.or.jp/app/uploads/2019/01/new_inf_201811212_01.pdf

文部科学省
平成 30 年度児童生徒の問題行動・不登校等生徒指導上の諸課題に関する調査結果
https://www.mext.go.jp/content/1410392.pdf

［著者紹介］
和久田 学

わくた まなぶ●大阪大学大学院連合小児発達科学研究科特任講師、（公社）子どもの発達科学研究所 主席研究員。特別支援学校の教師として 20 年以上勤務した後、科学的根拠に基づいた子どもの支援を研究し、小児発達学の博士号を取得。専門領域はいじめや不登校など子どもの問題行動の予防、支援者のトレーニング、介入支援のプログラムなど。著書に『学校を変える いじめの科学』（日本評論社）がある。

公益社団法人 子どもの発達科学研究所　http://kodomolove.org/
一般社団法人 TEO　http://trusteo.org/

科学的に考える子育て
エビデンスに基づく10の真実

Midori Shobo Co.,Ltd

2020年4月1日　第1刷発行
2023年8月10日　第2刷発行

著者　和久田 学
発行者　森田 浩平
発行所　株式会社 緑書房
〒103-0004
東京都中央区東日本橋3丁目4番14号
TEL 03-6833-0560
https://www.midorishobo.co.jp

印刷所　図書印刷

ISBN978-4-89531-422-0
Printed in Japan
落丁・乱丁本は弊社送料負担にてお取り替えいたします。

イラスト　佐原苑子
カバー・本文デザイン　内田晶子